U0873024

“乡村振兴”视阈下的智慧乡村旅游系统设计研究

朱苗苗◎著

中国纺织出版社有限公司

内 容 提 要

本书聚焦于“乡村振兴”视阈下的智慧乡村旅游系统设计，在介绍智慧乡村旅游的发展和重要特征的基础上，逐一研究智慧乡村旅游系统设计基础、乡村旅游资源及其内容展示、用户体验与服务设计、智慧乡村旅游系统应用和智慧乡村旅游的发展趋势，旨在通过研究推动智慧乡村旅游的可持续发展，从而促进乡村经济的繁荣。

本书结构清晰、内容完整，可供乡村旅游从业者以及相关研究学者使用。

图书在版编目（CIP）数据

“乡村振兴”视阈下的智慧乡村旅游系统设计研究 / 朱苗苗著. -- 北京 : 中国纺织出版社有限公司, 2024. 8. -- ISBN 978-7-5229-1971-3

Ⅰ. F592.3

中国国家版本馆 CIP 数据核字第 2024LY2024 号

责任编辑：李立静　段子君　　责任校对：王蕙莹　　责任印制：储志伟

中国纺织出版社有限公司出版发行
地址：北京市朝阳区百子湾东里 A407 号楼　邮政编码：100124
销售电话：010—67004422　传真：010—87155801
http://www.c-textilep.com
中国纺织出版社天猫旗舰店
官方微博 http://weibo.com/2119887771
天津千鹤文化传播有限公司印刷　　各地新华书店经销
2024 年 8 月第 1 版第 1 次印刷
开本：710 × 1000　1/16　印张：9.5
字数：160 千字　定价：99.90 元

前言

随着城市化进程的推进，乡村地区面临着日益严峻的挑战。在这一背景下，乡村旅游作为一种融合传统文化、资源优势和现代科技的发展模式而备受关注。本研究聚焦于“乡村振兴”视阈下的智慧乡村旅游系统设计，旨在通过科技创新提升乡村旅游的品质和可持续性，从而促进乡村经济的繁荣。

乡村旅游作为乡村振兴的有力支撑，正逐渐从传统的农业观光向智慧化、数字化转变。智慧乡村旅游系统的设计不仅关系到技术的运用，还涉及对乡村地区的资源整合、文化传承以及可持续发展的深刻思考。本研究将系统地探讨如何充分发挥信息技术优势，构建一套切实可行的、符合乡村实际情况的智慧乡村旅游系统。

本研究通过梳理乡村振兴与乡村旅游发展的关系，深入解析智慧乡村旅游的发展及其特征，并在此基础上逐一研究智慧乡村旅游系统设计基础、乡村旅游资源及其内容展示、用户体验与服务设计，以构建一个全面而深刻的研究框架。随后，通过实际案例分析展示智慧乡村旅游系统在不同地域的应用及其成功的经验。最后，探讨智慧乡村旅游的发展趋势，强调技术创新与乡村振兴之间密切的关联，旨在为乡村振兴与旅游业的可持续发展提供有力支持和深入指导。

希望这一研究能够为推动智慧乡村旅游系统的发展和促进乡村振兴战略的实施提供理论指导和实践经验，为建设美丽乡村、实现乡村全面振兴贡献一份力量。

朱苗苗

2024 年 3 月

目录

第一章 引言

第一节　研究背景

一、乡村振兴与现代旅游业的融合

（一）乡村振兴战略的提出

乡村振兴战略的提出标志着中国政府在面对乡村经济困境、城市化快速推进的情境下，采取了积极而全面的措施，以促进乡村经济的发展和推动农业现代化。这一战略的背后植根于对传统农业经济模式的深刻反思，旨在通过改革创新解决乡村面临的人口减少、产业结构单一等问题，最终实现乡村的全面振兴。

随着城市化的迅速推进，乡村经济面临着一系列严峻的挑战。人口减少导致劳动力短缺，传统的农业生产模式难以满足现代社会的需求。产业结构单一使乡村经济对外部经济的波动极为敏感。这些现实问题使乡村地区陷入了发展的瓶颈，急需一种全面的、可持续的发展战略来重塑乡村面貌。

乡村振兴战略的核心目标在于通过全面振兴乡村，推动乡村经济的可持续发展。该战略着眼于整体，旨在实现乡村经济、社会、文化的全面提升。这涉及乡村产业结构的优化升级、乡村体制的改革创新以及乡村文化传承的重振等方面。

为了实现这一目标，乡村振兴战略提出了一系列政策和措施。在农业方面，鼓励乡村发展多种经营，同时推动农业现代化，提高农业产值；在社会方面，通过改革农村土地制度，推进乡村体制改革，提高农民的社会保障水平；在文化方面，注重挖掘和传承乡村丰富的历史文化资源，使乡村焕发独特魅力。

值得注意的是，乡村振兴战略的提出并非简单地以传统农业发展为出发点，在全球化、信息化的时代背景下，乡村振兴不只是农业现代化的问题，更是乡村经济与全球经济深度融合的问题。因此，该战略提出了要加强乡村对外开放，吸引外部投资，引入现代信息技术，推动乡村经济的数字化和智能化发展。

乡村振兴战略从整体上提出了中国乡村的发展方向，为解决乡村经济问题提供了全面的战略框架。然而，其实施仍然面临一系列的困难和挑战。在实践中，我们需要综合考虑政策、社会、文化等多个因素，以确保战略能够取得可观成效。因此，对乡村振兴战略的深入研究，不仅有助于更好地理解战略提出的背景和目标，还可以对相关政策的制定和实施提出有益建议，具有深远的学术和实践价值。

（二）乡村旅游已经成为乡村振兴的引擎

乡村旅游作为乡村振兴的引擎，代表着一种融合乡村自然与人文资源的发展模式，被认为是推动乡村振兴的有效途径。这一发展模式在其核心理念中秉持着对乡村独有资源的充分挖掘与合理利用，以实现乡村社会、经济、文化等的全面提升。通过开发丰富的旅游资源，乡村旅游不仅为当地经济注入新的活力，还能够促进产业升级，提高村民收入，从而实现经济的可持续发展。

在乡村旅游的发展中，充分挖掘和利用乡村自然资源是至关重要的一环。乡村往往拥有独特的自然风光、良好的生态环境和独特的地理位置等资源。通过保护和开发这些资源，可以打造具有吸引力的乡村旅游目的地，吸引更多游客前来体验。例如，美丽的自然风光、古老的建筑、独特的生态景观等都能够成为乡村旅游的亮点，为游客提供愉悦的体验。

乡村旅游的独特魅力还体现在对乡村人文资源的融合利用上。乡村往往承载着丰富的历史文化、民俗传统等独特元素，这些都是吸引游客的重要因素。通过挖掘乡村的文化遗产，开展传统手工艺品展示、文化节庆等活动，可以使游客更深入地了解乡村的历史底蕴，从而提高乡村旅游的吸引力。

乡村旅游的成功实践不仅在于对资源的挖掘，还在于其对当地产业的促进作用。通过吸引游客，乡村旅游为当地的农产品、手工艺品、特色美食等带来销售机会，推动了农业、手工业等传统产业升级。这种产业升级不仅提高了当地产品的附加值，还创造了更多就业机会，为乡村经济的可持续发展奠定了坚实基础。

乡村旅游还为当地村民带来了更多的收入来源。通过提供旅游服务、发展家庭旅馆、发展乡村民宿等方式，村民能够更直接地分享到旅游业带来的经济效益。这不仅提高了村民的收入水平，还改善了他们的生活条件，推动了乡村社会的全面进步。

乡村旅游作为乡村振兴的引擎具有重要的战略地位。通过充分发挥乡村自然和人文资源优势，乡村旅游为乡村经济的转型升级提供了有效途径。乡村旅游对产业升级、就业创业、文化传承等的积极影响，为乡村的可持续发展注入了新的活力，为学术界提供了可深入研究的丰富素材，也为政策制定者提供了有益的借鉴。

二、智慧技术在乡村旅游发展中的作用

（一）智慧技术的快速发展引发颠覆性变革

随着信息技术的不断进步，智慧技术，如人工智能、物联网、大数据等，已经在各个行业得到广泛应用，为社会各领域带来了颠覆性变革。这一系列技术的快速发展不仅影响城市化进程，还为乡村地区，尤其是乡村旅游的发展提供了极大的可能性。这些智慧技术的引入为乡村旅游带来了全新的体验与服务模式，极大地提升了游客的体验感。

在乡村旅游领域，人工智能的应用为游客提供了智能化服务。通过智能导游系统，游客可以根据个人兴趣和偏好获得定制化的旅游建议，使其能够更好地了解乡村的文化、历史和特色。这种个性化推荐不仅提升了游客的满意度，还有助于深度挖掘乡村的旅游资源，为乡村振兴提供了新的发展契机。

物联网技术的广泛应用也为乡村旅游带来了全新的管理模式。在景区内部部署物联网设备可以实现对游客流量、景区设施的实时监控，使景区管理者能够更加科学地制定运营策略，提高资源利用率。同时，物联网技术还可以为游客提供更便捷的服务，例如，通过智能导览设备获取实时的景区信息，提高游客的参与感和体验感。

大数据技术在乡村旅游中的应用也是不容忽视的。通过对游客行为数据、社交媒体反馈等信息的收集和分析，可以更好地了解游客的需求和偏好，为游客提供精细化的管理和服务。同时，大数据分析也有助于乡村旅游产业的精准营销，提高宣传推广效果，吸引更多游客前来体验。

这些智慧技术的应用不仅为乡村旅游带来了便利和创新，还对乡村振兴战略的实施产生了推动作用。智慧技术的快速发展为乡村提供了数字化、智能化的发展路径，使乡村旅游成为乡村振兴中的一项重要支撑。通过运用智慧技术，乡村旅游可以更好地适应当代社会需求，提高其在整个旅游产业链中的竞争力。这不仅有助于优化乡村经济结构，还为村民提供了新的经济来源，进一步推动了乡村

经济的可持续发展。

（二）智慧技术在乡村旅游中的应用

智慧技术在乡村旅游中的潜在应用领域广泛，涵盖了游客导向服务、资源管理、安全监控等多个方面，为乡村旅游业注入了创新动力。

智能导游系统的实现借助于人工智能技术，通过对游客的兴趣、偏好进行分析，为其量身定制旅游线路、景点推荐等个性化服务。这种个性化导游不仅满足了游客多样化需求，还促使乡村旅游业更好地融入当代科技潮流，提高其吸引力。同时，利用与导游系统相连的移动应用，游客能够随时随地获取实时信息，使整个旅游过程更灵活和便捷。

在资源管理方面，大数据分析的应用可以提高乡村旅游运营效率。通过对游客行为和消费习惯、旅游流量等数据的收集与分析，乡村旅游管理者能够更准确地了解游客需求，优化景区布局，提高资源利用率。此外，大数据分析还为市场营销提供支持，根据用户反馈进行精准的宣传推广，提高乡村旅游的知名度和竞争力。

物联网技术的引入为乡村旅游带来了全新的安全监控手段。通过在景区内部部署智能监控设备，可以实现对游客人数、交通状况等实时数据的监测。这不仅有助于预防潜在的安全风险，还可以提前应对人流高峰，优化游客游览体验。物联网技术还可以用于监控乡村旅游资源的可持续利用，保护自然生态环境，实现旅游业的可持续发展。

第二节　研究目的与问题

一、提高乡村旅游质量的关键目的

乡村旅游质量的内涵不仅仅局限于乡村的自然风光，其涵盖了广泛而多元的方面。乡村旅游质量的核心在于游客体验，这包括乡村的自然环境、服务水平、文化传承等多个层面。

自然风光作为乡村旅游的重要资源，是吸引游客的重要因素之一。然而，乡村旅游质量的提高需要更加全面的考虑，以确保游客在整个旅游过程中获得丰富、深度的体验。

服务质量是影响乡村旅游质量的关键要素之一。优质的服务不仅包括景区接待、导游服务等表面层面，还需考虑细致入微的服务细节。从预订阶段到游览过程再到离开，游客期望在每一个环节都能感受到高效、贴心的服务。专业的旅游咨询、便捷的导览服务以及贴心的接待，可以提升游客的整体满意度，从而为乡村旅游质量的提高奠定基础。

文化传承是乡村旅游质量的重要组成部分。乡村往往承载着丰富的历史文化、传统习俗等，这些文化元素是乡村旅游独特魅力的来源。通过有效的文化传承，乡村旅游可以为游客呈现出更丰富、深刻的历史底蕴。这不仅增强了游客的参与感和互动体验，还促进了当地文化的传承与发展，为乡村旅游质量的提高注入深厚的内涵。

乡村旅游质量的提高是实现可持续发展的基础。只有确保游客体验质量，才能真正实现乡村旅游的可持续发展。通过全面考虑自然、文化、服务等多方面因素，可以有效地平衡游客需求、乡村资源保护以及当地居民的利益三者之间的关系。这种平衡不仅有助于乡村旅游业的长期发展，还为乡村振兴战略的实施提供了有力的支持。

二、智慧乡村旅游系统设计中的核心问题

（一）系统设计的基础原则

1. 可行性原则

在智慧乡村旅游系统设计中，系统的可行性是首要考虑的基础原则之一。这涉及系统在技术、经济、社会等多方面的可行性。在技术层面，需要确保系统的设计和实施符合当前的技术水平和发展趋势，以保障系统的可持续性；在经济层面，需要考虑系统的经济可行性，包括项目的预算、投资回报率等经济因素，以确保系统的开发和维护成本是可接受的；在社会层面，需要考虑系统的社会接受度，即系统设计是否符合当地文化和习俗，是否受到社区居民和游客的支持。对各项可行性因素的深入研究，可以为系统设计提供坚实的基础。

2. 可靠性原则

系统的可靠性是指系统在面对各种异常情况时能够保持稳定运行的能力。在智慧乡村旅游系统中，考虑到系统可能面临的网络波动、硬件故障、数据丢失等问题，必须确保系统具备高度的可靠性。这涉及系统的备份机制、故障恢复机制、灾难恢复计划等设计。合理规划系统的可靠性策略，可以提高系统的稳定性，确保其在各种情况下都能够正常运行，为用户提供良好的体验。

3. 用户友好性原则

用户友好性是智慧乡村旅游系统设计中的另一基础原则。系统的用户友好性

直接关系到用户体验的质量。在系统设计过程中，需要考虑用户的习惯和需求，采用直观的界面设计和用户友好的操作流程，以提高用户满意度。此外，还需要考虑用户的多样性，包括不同年龄层次、文化背景和技术水平的用户，以确保系统能够满足不同群体的需求。深入研究用户友好性原则，可以使系统更加贴近用户的实际使用需求，提升系统的用户体验感。

（二）核心问题的具体表现

1. 系统架构设计

在智慧乡村旅游系统设计中，系统架构设计是一个关键问题。系统架构的合理性直接关系到系统的性能、扩展性和可维护性。这需要考虑系统的模块划分、数据流动、组件之间的交互等，以确保系统的整体结构合理且易于维护。深入研究系统架构设计，可以提高系统的稳定性和灵活性，为系统的长期运行提供坚实的基础。

2. 数据安全

数据安全是智慧乡村旅游系统设计中的一项重要问题。系统涉及用户个人信息、支付信息等敏感数据，因此需要建立完善的数据安全策略。这包括数据加密、访问权限控制、安全审计等措施，以防数据泄露、被篡改或恶意利用。深入研究数据安全问题，可以确保系统在处理用户信息时符合相关法规和标准，保障用户的隐私权和数据安全。

3. 用户体验

用户体验是智慧乡村旅游系统设计中的关键问题之一。系统的用户体验直接影响用户对系统的满意度和使用意愿。这需要考虑界面设计的直观性、交互设计的便捷性、反馈机制的及时性等，以提高用户对系统的整体感知。深入研究用户体验问题，可以更好地了解用户的需求和期望，优化系统设计，提高用户体验质量。

第三节　研究方法与范围

一、研究方法

（一）文献综述法

1. 文献综述的目的与意义

文献综述是研究中不可或缺的方法之一，通过系统梳理相关领域的文献，可以全面了解智慧乡村旅游系统设计研究的现状、趋势及其存在的问题。这有助于确定研究的定位，为研究提供理论基础和为系统设计提供可行的理论支持。通过文献综述，可以深入挖掘前人的研究成果，了解其研究方法和技术应用，为本研究提供借鉴和启示。

2. 文献综述的方法

文献综述的方法主要包括文献检索、筛选、整理和分析。

首先，通过学术数据库、期刊、会议论文等途径进行广泛的文献检索，确保收集到与智慧乡村旅游系统设计相关的最新研究成果。在检索过程中，要注重关键词的选择，以提高文献检索的准确性。

其次，对检索到的文献进行筛选，排除与研究主题不相关或质量不高的文献，确保综述的质量和权威性。

再次，将筛选的文献按照主题、方法、发表时间等进行整理，建立文献数据库。

最后，通过对文献的深入分析，挖掘相关研究中的亮点和不足，为研究提供有益的启示。

3. 文献综述的局限性与创新点

文献综述虽然能够全面了解研究领域的现状，但也存在一定的局限性。文献的数量和质量直接影响综述的深度和广度，因此，文献检索和筛选需要全面和严谨。同时，文献综述仅能展现已有的研究成果，对于新兴技术和尚未被深入研究问题的展现不够全面。为弥补这一不足，研究将通过其他方法进行深入探讨。

（二）案例分析法

1. 案例选择的依据与原则

案例分析法通过深入研究具体的智慧乡村旅游系统案例，获取实际应用中的成功经验和问题教训。案例选择的依据主要包括案例的代表性、可行性和可获取性。代表性是指案例能够充分体现智慧乡村旅游系统设计的典型特征，具有普遍意义。可行性是指能够得到相关方的许可和支持，以确保研究的顺利进行。可获取性是指能够获取足够的案例信息进行深入分析。

2. 案例分析的具体步骤

案例分析的具体步骤包括案例收集、案例描述、案例比较与案例分析。

首先，通过文献综述和实地调研等方式收集智慧乡村旅游系统的案例，确保案例的充分性和代表性。

其次，对每个案例进行详细描述，包括系统的架构设计、技术应用、实际效果等方面。

再次，通过比较不同案例的异同点，找出共性和差异性，从而总结出成功经验和问题教训。

最后，通过对案例的深入分析，为本研究提供实践指导和借鉴。

3. 案例分析的价值与局限性

案例分析的价值在于通过实际案例，深入挖掘智慧乡村旅游系统设计的实践经验，为系统设计提供具体可行的方案。通过对成功案例和失败案例的比较分析，可以总结出通用的设计原则和规范，为其他地区的系统设计提供有益的启示。然而，案例分析也存在一定的局限性，因为每个案例都有其特定的环境和背景，不同地区的差异可能导致某些经验不适用于其他地方。因此，在应用案例分析的研究中，研究人员需要结合具体情况，理性评估案例的适用性。

二、研究范围

（一）研究的具体内容

1. 智慧乡村旅游系统设计的原理

智慧乡村旅游系统设计的原理是该研究的核心关注点之一。本研究将聚焦于阐述系统设计的基本理念和核心原则，以及整体架构设计、模块划分、数据流程设计等方面的关键原理。系统作为智慧乡村旅游的基石，其设计的合理性直接关系到系统的高效性和可维护性。

首先，系统的整体架构设计是智慧乡村旅游系统的基础。本研究将深入剖析架构设计的原理，包括系统的层次结构、模块之间的关系以及数据传递的机制。通过对不同架构设计的比较分析，揭示适用于乡村旅游系统的最佳实践，以确保系统在应对不同需求时具有灵活性和可扩展性。

其次，模块划分是系统设计中的关键环节，本研究将深入研究其原理。模块划分的合理性直接影响系统的模块化程度和系统功能的独立性，对系统的可维护性和可扩展性产生重要影响。通过深入探讨不同模块划分的原理和方法，为设计出合理、高效的系统结构提供指导。

最后，数据流程的设计也是研究的重要方面。在智慧乡村旅游系统中，信息的流动是保证系统协同工作的关键。本研究将深入研究数据流程设计的原理，包括数据的采集、传输、处理和输出等。通过分析不同数据流程设计的优缺点，为系统设计提供最佳实践，以确保信息的高效流通和利用。

2.智慧乡村旅游系统设计的方法

智慧乡村旅游系统设计的方法是本研究的另一关键焦点。本研究将专注于揭示智慧乡村旅游系统设计的具体方法，其中包括需求分析、系统规划、技术选型等阶段的方法。通过系统性地总结每个设计阶段的方法，形成一套完备的设计流程，为实际系统设计提供具体且可操作的指南。

首先，需求分析是进行系统设计的重要基础。本研究将深入研究需求分析的方法，包括明确系统的功能需求、性能需求、用户需求等。通过采用结构化的调研方法、问卷调查和深度访谈等手段，追踪并理解不同利益相关方的需求，以确保系统能够满足各方的期望。

其次，系统规划阶段是设计蓝图的阶段，本研究将探讨系统规划方法。这包括系统整体结构的规划、模块划分的确定、系统功能的布局等。通过深入研究系统规划的方法，为设计者提供一种清晰、全面的思考框架，以确保系统设计在整体上具有协同性和一致性。

最后，技术选型阶段被认为是智慧乡村旅游系统设计的重要阶段。本研究将聚焦于技术选型的方法，包括对不同技术方案的评估、比较和选择。通过对各种技术的特性、适用场景和实施难度等因素进行分析，为系统设计者提供技术选型的明智决策。

3.智慧乡村旅游系统设计的技术应用

智慧乡村旅游系统设计的技术应用是本研究中至关重要的一环。本研究将深入探讨系统中涉及的关键技术应用，其中包括但不限于物联网、大数据、人工智能等先进技术。通过对这些技术在系统设计中应用的深入分析，为未来的系统设计提供先进的技术支持，推动智慧乡村旅游系统的不断创新。

首先，物联网技术在智慧乡村旅游系统中具有重要的应用价值。物联网技术能够实现各类设备和传感器之间的互联互通，为系统提供实时数据。在乡村旅游中，通过物联网技术，可以实现对景区设施、交通状况、游客流动等信息的实时监测与管理，从而提高管理效率和服务水平。

其次，大数据技术的应用将为系统提供强大的数据支持。通过对大规模数据的采集、存储和分析，系统可以获取深刻的洞察，为决策者提供科学依据。在智慧乡村旅游系统中，大数据技术可以用于游客行为分析、资源利用预测等，为系统的智能化决策提供有力支持。

最后，人工智能技术作为智慧乡村旅游系统的关键驱动力之一，将得到深入研究和应用。通过引入机器学习、自然语言处理等人工智能技术，系统可以提供更智能、个性化的服务。例如，智能推荐系统可以根据游客的兴趣和偏好，为其提供个性化的旅游建议，提升游客体验。

除了上述核心技术，本研究还关注其他前沿技术的应用，如区块链、虚拟现实等。这些技术的综合应用将为智慧乡村旅游系统带来更多可能性，提升系统的创新性和竞争力。

4. 智慧乡村旅游系统在实际应用中的效果与问题

智慧乡村旅游系统在实际应用中的效果和问题是研究的关键方面。通过案例分析、实地调研等方法，本研究致力于全面了解系统在不同地区、不同背景下的应用情况，从而总结出成功经验和面临的挑战。这个过程旨在为系统的实际应用提供宝贵的经验教训，推动系统的可持续发展。

在实际应用方面，智慧乡村旅游系统展现出多方面的积极效果。比如，系统的引入有助于提高乡村旅游的管理效率。通过实时监测和数据分析，系统能够及时了解游客流量、景区设施使用情况等信息，为决策提供科学依据，实现更加智能化的管理。再如，智慧乡村旅游系统有助于提升游客体验。通过个性化推荐、定制服务等功能，系统能够更好地满足游客的个性化需求，提供更加贴心和个性化的旅游体验。这不仅提高了游客的满意度，还有助于吸引更多游客参与乡村旅游活动。

（二）研究的局限性和限制条件

1. 时间限制

在有限的研究周期内，对所有智慧乡村旅游系统进行全面、深入的研究存在一定困难。因此，本研究将选择一些具有代表性的案例进行深入分析，以确保研究的深度和广度。这一决策是出于对研究资源、时间和精力的有效管理，以及对获得高质量研究结果的追求。

选择具有代表性的案例进行深入研究有助于全面地理解智慧乡村旅游系统的设计、应用和效果。这些案例将涵盖不同地区、不同规模和不同背景的智慧乡村旅游系统，以确保本研究的结果具有较强的代表性和可推广性。

通过深入分析案例，本研究将深刻了解每个系统的设计原理、技术应用、实际效果以及面临的挑战，并提炼出智慧乡村旅游系统设计的一般规律和最佳实践，为系统设计提供有力的指导和借鉴。

2. 资源限制

在进行实地调研和收集数据时会受到人力、财力等多方面资源的限制，研究无法涵盖所有与智慧乡村旅游系统相关的领域和案例。

在资源有限的情况下，为了确保研究的质量和深度，本研究将优先选择那些具有代表性、具有关键意义的领域和案例进行深入研究，以获取更具实际指导意义的研究成果。

尽管研究无法对每个细节进行全面、深入的调查，但通过仔细选择研究重点，可使研究结果更具代表性、可推广性，并能够为智慧乡村旅游系统设计提供实质性支持。

在资源有限的情况下，本研究还将采用创新性方法，例如充分利用现有文献、利用网络调查等方式，以弥补实地调研的不足，确保研究结果的全面性和准确性。

3. 地域限制

由于受到地理位置和调查难度等多方面因素的限制，本研究无法覆盖所有乡村地区。因此，本研究将选择典型地区进行深入研究，以确保研究结果具有较强的代表性和可推广性。

这一决策是出于对研究资源、时间和实际可行性的综合考虑。面对广大而多样化的乡村地区，全面覆盖会变得十分困难，因此，本研究将有限资源向典型地区倾斜，以更深入地了解这些地区的智慧乡村旅游系统的设计、应用和效果。

在选择典型地区进行深入研究时，本研究将充分考虑地区的差异性，以确保研究结果的代表性。本研究将选取那些在乡村振兴和旅游业发展方面取得显著成就的地区，这样，研究将为智慧乡村旅游系统的实际应用提供更有说服力的数据和案例。

第二章

智慧乡村旅游概述

第一节　乡村振兴与乡村旅游发展的关系

一、乡村振兴的目标

（一）农业生产升级

1. 技术创新与农业科技的推广

在农业领域，技术创新与农业科技的推广已经成为促进农业生产现代化的重要手段。通过前沿技术的研发和创新，农业领域得以引入一系列先进的种植技术、农业机械化和精准农业等新兴技术，从而全面提高农产品的生产效率和质量。

首先，技术创新在改善种植技术方面发挥着关键作用。传统的农业生产方式往往依赖于经验和传统的耕种方法，导致生产效率相对较低。通过引入先进的种植技术，包括遗传改良、优良品种的选育以及生态友好的耕作方式，农业生产可以更好地适应气候和土壤条件，提高农产品的产量和质量。

其次，农业机械化是现代农业生产方式的重要组成部分。农业机械化的推广可以大幅提高农业生产效率，减轻农民的体力劳动负担。引入先进的农业机械设备，如拖拉机、收割机等，可以实现农业生产的规模化和自动化，提高作业效率，同时降低生产成本。

最后，精准农业技术的推广也在农业现代化进程中发挥着关键作用。通过应用先进的信息技术、遥感技术和全球定位系统（GPS），农业生产可以更精确地进行管理和监控，这包括合理施肥、科学灌溉、病虫害监测等，从而最大限度地提高土地利用率，减少资源浪费，实现农业可持续发展。

此外，技术创新也为数字化农业、智能农业等新兴领域的发展提供契机。数字化农业通过大数据、人工智能等技术手段，为农业生产和管理提供更智能的解决方案，提高生产决策的科学性和准确性。智能农业则通过物联网、无人机等技术实现对农田的实时监测和管理，为农民提供更便捷、高效的农业生产手段。

2.质量与效益的提升

乡村振兴战略的核心目标在于通过提高农产品的质量和降低生产成本，实现农业经济效益的显著提升。这一战略的推行不仅是为了推动农业的可持续发展，还是为了促进农民的脱贫致富，进一步提升农业的整体竞争力。

第一，提高农产品的质量是农业振兴的基石。传统农业往往受制于落后的生产技术和管理水平，导致农产品的品质波动较大。通过引入现代农业科技，包括先进的种植技术、科学施肥、病虫害防控等，可以有效提高农产品的品质和安全性。质量的提高不仅可以满足市场对食品安全和品质的日益增长的需求，还有助于提升农产品的附加值，促使农民更好地融入市场体系，从而实现经济效益的提升。

第二，降低生产成本是提升农业经济效益的关键一环。高昂的生产成本往往是制约农业盈利的重要因素，而通过科技创新、机械化推广等手段可以有效降低生产成本。农业机械化的应用不仅提高了劳动生产率，还减轻了农民的体力劳动负担，同时可有效利用资源，使农业生产更经济和高效。此外，智能化农业管理和数字化技术的运用也有望优化生产过程，进一步提升生产效益，为农民创造更多财富。

质量与效益的提升不仅关乎农业生产的内在质量，还对农业经济的全面竞争力产生深远影响。提高农产品质量的同时降低生产成本，有助于提高农产品在市场上的竞争力，进而提高其市场占有率。在国际市场上，具有高质量、低成本的农产品更容易赢得竞争。这样的竞争力提升有助于实现农业产业结构的优化和升级，从而推动整个农业经济向更加健康、可持续的方向发展。

（二）农业产业结构优化

1.农业产业多元化

农业振兴的重要战略之一是通过调整农业产业结构，引导农民发展多元化的经济活动，从而实现农业产业的多元化和升级。这一战略的核心在于推动农业从传统的单一产业向多元化方向发展，以适应经济发展和市场需求的变化。

首先，发展现代种植业是农业产业多元化的重要发展方向之一。通过引入先进的种植技术、科学管理和高效的农业机械，农民能够提高农产品的产量和质量。现代种植业的发展涵盖了从水稻、小麦到果蔬等的各类农产品，有助于提升农业的市场竞争力。同时，这也为农民提供了更多就业机会，促进农村经济的多元化发展。

其次，发展养殖业是实现农业产业多元化的另一重要途径。通过科技手段的引入，现代养殖业已经实现了规模化和智能化生产。养殖业的多元化涉及家禽、畜牧等多个方面，有助于提高农产品的供给水平，满足市场多样化需求。此外，养殖业的发展还可以为农民提供丰富的经济来源，提高农民的收入水平，进一步促进农村的经济繁荣。

最后，特色农产品加工是实现农业产业多元化的重要环节。对当地特色农产品进行深加工，不仅可以提高农产品的附加值，还有助于打造地方品牌，拓展市场份额。特色农产品的加工涉及食品、饮料、药材等多个领域，为农民提供了更多经济选择。这不仅可以促进农业产业链的延伸，还有助于推动农村产业升级，提升农村整体经济效益。

2. 农业供给侧结构性改革

农业供给侧结构性改革是一项重要的农业发展战略，旨在通过调整农产品品种结构提升农产品供给的市场适应性和竞争力，以满足不同层次、不同群体的需求。这一改革着眼于从根本上优化农业供给体系，使其更加适应市场需求变化，提高农产品的质量和附加值，实现农产品可持续发展。

首先，农业供给侧结构性改革通过调整农产品品种结构，提升农产品供给的市场适应性。在传统农业模式中，品种单一、过度依赖某一农产品的生产往往使农业面临市场波动和风险。通过结构性改革，可以引导农民合理选择农作物和养殖品种，并考虑生态环境、气候条件等因素，使农业供给更灵活和有弹性。这有助于农业生产更好地适应市场需求的多样性，降低农业生产的经济风险，从而提高供给体系的整体稳定性。

其次，农业供给侧结构性改革注重提高农产品的市场竞争力。通过引入先进的生产技术、科学管理和创新手段，农业供给侧结构性改革有助于提高农产品的质量和标准化水平。高质量的农产品更容易满足市场对食品安全和品质的要求，提高农产品在市场中的竞争地位。此外，结构性改革还促进了农业产业链的升级，推动农产品附加值的提升，为农民创造更多经济价值。

最后，农业供给侧结构性改革考虑到不同层次、不同群体的需求，推动农业供给更加精准。通过科技手段和市场调查，可以更准确地了解不同群体的消费习惯、偏好和需求特点。基于这些信息，可以有针对性地调整农业供给结构，培育适应市场需求的新品种或提升现有品种的品质。这有助于实现农产品供给的精准匹配，提高市场供需的匹配度，使农业供给更贴近社会需求。

（三）美丽乡村建设

1. 农民生活水平的提高

农民生活水平的提高涉及多个方面，其中基础设施建设和文化与教育资源的发展是至关重要的因素。

第一，基础设施建设在农民生活水平提升中发挥着关键作用。良好的交通基础设施不仅方便了农产品的运输，还提升了农民的生活便利性。道路的畅通使农民能够更加便捷地前往城市，参与更广泛的社会活动，获取更多信息和资源。同时，供水和供电设施的完善为农民提供了更好的生活条件，改善了农村的居住环境。这种改善不只是物质上的，更为农民提供了大量发展机会，促进了农业与农村经济的全面提升。

第二，文化与教育资源的发展对农民生活水平的提高同样至关重要。注重农村文化与教育事业的发展，包括建设农村图书馆、文化广场等，有助于为农民提供更多的文化活动和教育资源。农民通过参与文化活动，能够提升自身文化素养，增强对生活的热爱和对未来的期许。同时，农村教育的发展为农民提供更多学习机会，培养更多人才。这有助于提高农民的综合素质，使他们更好地适应社会发展的需要，从而为农民走出贫困提供更多机会。

2. 推进现代化美丽乡村建设

推进现代化美丽乡村建设是乡村振兴战略的重要组成部分，旨在通过综合性的措施，实现乡村环境的整治和乡村旅游业的发展，以建设宜居、宜游的美丽乡村。

第一，乡村环境整治是美丽乡村建设的基础。通过加强对乡村环境的整治，着力解决垃圾处理、污水处理等环境问题，可以有效改善乡村的生态环境。这包括建设垃圾处理设施、推动乡村垃圾分类和资源化利用，以减少环境污染。同时，加强乡村污水处理系统建设，提高乡村水环境质量，为居民提供清洁的生活用水。这些措施不仅可以改善居民的生活环境，还有助于保护乡村的自然生态，实现乡村环境可持续发展。

第二，发展乡村旅游业是实现美丽乡村建设的关键路径之一。将乡村振兴与乡村旅游有机结合，可以激活乡村的经济活力，促使乡村经济发展实现经济效益与生态效益的双赢。通过挖掘乡村的历史文化、自然风光等资源，打造具有吸引力的旅游目的地，吸引游客前来参观、体验。这不仅为当地提供了新的经济增长点，还为农民提供了从事旅游服务、农家乐等产业的机会，增加农民收入。同时，乡村旅游业的发展也有助于宣传和传承乡村的文化传统，促使乡村在发展的同时保持自身的独特性，形成可持续发展的路径。

二、乡村旅游在促进乡村振兴中的角色

（一）促进农业生产的升级

1.农业科技与生产方式

乡村旅游的兴起为农业生产提供了新的发展方向，为实现农业的升级和提高农产品品质与产量创造了有利条件。这一趋势的背后是对农业科技的不断引入和运用，其中包括智慧农业和绿色种植等先进概念，其推动了农业生产方式的现代化和可持续发展。

首先，乡村旅游的发展为农业注入了新的科技元素。例如，智慧农业通过运用先进的信息技术、物联网和大数据等手段，实现了对农业生产全过程的智能化管理。在乡村旅游背景下，农民可以借助先进的传感器、遥感技术等工具，精准监测土壤、气象等环境因素，为农业生产提供科学依据。这有助于合理调整种植结构、施肥水平，提高资源利用率，从而推动农业生产方式的升级和可持续发展。

其次，绿色种植的理念在乡村旅游背景下得到了更广泛的应用。绿色种植注重对生态环境的保护和可持续经营，强调发展有机农业、无公害农业，减少农药、化肥的使用，提倡自然生态循环。乡村旅游业的发展使农产品的绿色认证和有机标识成为市场竞争的亮点，从而促使农民更加重视绿色种植方式的采用。这种方式不仅有助于提高农产品的品质，还符合现代社会对健康、环保食品的需求，为农业提供了更广阔的市场空间。

最后，乡村旅游业的兴起为农业生产带来了直接的经济效益，这也成为农民投入更多资金用于科技创新和生产方式改革的资金来源。通过对农业科技的推广和投资，农民可以更好地利用现代科技手段提高农业生产效益。乡村旅游业带动农业的多元化发展，使农民在旅游服务、农庄体验等领域寻求新的经济增长点，进而为农业生产方式的创新提供更多资金和动力。

2.农产品品控体系的建设

乡村旅游的迅猛发展催生了对农产品品控体系的更加深入和全面的建

设。这一趋势的核心在于通过全程监控，从农田到餐桌，确保农产品的质量安全，从而有效提升农产品的市场竞争力。这种品控体系的建设不仅关乎农产品的生产和销售，还可以满足市场和消费者对高质量、安全的农产品日益增长的需求。

首先，乡村旅游的崛起加速了农产品品控体系的现代化建设。在这一体系中，农产品的全程监控成为关键环节，借助现代信息技术，包括物联网、大数据等手段，实现对农田、生产加工、储运等环节的实时监测。这种监控体系旨在及时发现和解决可能影响农产品质量的问题，从而保障农产品的品质和安全。例如，通过传感器监测土壤水分、气象信息，农民可以精准调整灌溉和施肥，确保农产品的生长环境符合质量标准。

其次，农产品品控体系的建设强调质量安全的全面保障。这包括对农药、化肥等农业生产用品的严格管理，推动农产品生产中的绿色有机化。同时，从生产到销售的每一个环节都要经过检测和认证，确保农产品符合国家和市场的质量标准。这种全程质量安全保障不仅为农产品提供了市场准入的保证，也为消费者提供了更可信赖的产品选择，提高了消费者对农产品的信任度。

最后，乡村旅游推动了农产品的差异化发展，这对品控体系的建设提出了更高的要求。为满足旅游者对特色农产品的需求，农业生产必须更加注重品质和口感的提升。因此，品控体系需要强化对特色农产品的保护和推广，使其在生产和销售过程中能够保持高品质，从而提高市场占有率。

（二）推动农业产业结构的多元化

发展乡村旅游产业引入了全新的产业形态，为农村经济注入了新的活力。这一趋势的核心在于将旅游业与农业产业有机结合，实现了农村产业结构的多元发展，不仅促进了农产品加工和特色手工艺的繁荣，还为农民提供了大量就业机会。

首先，乡村旅游业的引入实现了农业产业的多元化。传统上，农业主要以种植和养殖为主，产业结构相对单一。随着乡村旅游的兴起，农民开始将自家农庄、田园风光等资源纳入旅游规划，打破了传统的经济模式。农业产业通过开发旅游资源，不仅使农民在传统农业活动之外有了新的经济来源，还丰富了农业产业的内涵，提升了农产品的附加值。

其次，乡村旅游业与农产品加工形成了有机的关联。为吸引游客，农村地区逐渐发展起与旅游相关的农产品加工业，如农家乐、特色食品加工等。农产品的加工和销售成为旅游产业链的重要一环，通过提供当地特色美食、手工艺品等产品，不仅满足游客的需求，还推动了农产品的深加工。这种产业链的建设不仅促进了农村经济的繁荣，还为农产品提供了更广泛的市场渠道。

再次，乡村旅游的兴起激发了特色手工艺的发展。为满足游客的需求，农村地区开始注重挖掘和传承本地的手工艺传统，如手工制作工艺品、纺织品等。这些特色手工艺品成为乡村旅游的亮点，吸引游客的同时也为农民提供了创业和就业的机会。特色手工艺的发展不仅为农民提供了额外的经济收入，还有助于传承和保护当地的文化传统。

最后，乡村旅游业的发展推动了文化创意产业的繁荣。农村地区通过挖掘本土文化、传统手工艺等资源，开发出富有地方特色的文化产品，如农耕文化体验、乡土风情展示等。这不仅吸引游客感受乡村文化，还为当地文化的传承提供了新的平台。文化创意产业的兴起不仅丰富了农村居民的文化生活，还为农村经济的可持续发展提供了新的增长点。

（三）促进美丽乡村建设

1. 改善村民居住条件

乡村旅游业的蓬勃发展在带动经济增长的同时，为改善农村居民的居住条件提供了新的契机。这一发展势头推动了乡村基础设施的提升，为农村居民创造了更宜居的环境，使农村居民能够享到旅游业发展带来的红利。

首先，乡村旅游业的发展推动了基础设施建设的提升。为了满足不断增长的游客需求，乡村地区逐渐加大对基础设施的投资，包括改善道路交通、提升供水供电设施、修建卫生厕所等。这些基础设施的改善不仅吸引游客前来，还使当地居住条件得到显著提升。农村居民因此能够享受到更加便捷的生活环境，大大提高了居住的舒适度。

其次，基础设施的提升为农村民宿和农家乐等业态的发展提供了支持。随着乡村旅游的兴起，农村居民纷纷将闲置的宅基地改建成农家乐、民宿等旅游接待设施。这不仅拓宽了农村居民的收入来源，还促使他们对居住环境进行改善和美化。为了吸引游客，农村居民开始注重房屋建筑的风格和环境布置，提升了居住条件的整体水平。

最后，居住条件的改善直接影响旅游体验的品质。游客在享受美丽田园风光的同时，对住宿环境也提出更高的要求。农村居民通过提升民宿设施的档次和服务水平，不仅提高了游客的满意度，还为乡村旅游业的可持续发展奠定了坚实基础。这种正向循环促使农村居民更加关注居住条件的改善，形成了农村与旅游业相互促进、共同发展的良好局面。

2. 对旅游资源的保护与利用

乡村旅游的兴起使自然资源和文化遗产的保护与利用成为一个重要而复杂的议题。在这一背景下，乡村在旅游开发中更加注重生态环境和文化传承的可持续性，要求在追求经济效益的同时实现对旅游资源的有效保护。

首先，乡村旅游的可持续发展要求对自然资源进行有效保护。乡村地区拥有丰富的自然景观，如田园风光、山水风景等，这些自然资源成为吸引游客的独特亮点。然而，为了防止过度开发和过度利用导致资源被破坏，乡村旅游需要在开发中设定合理的限制和规范。这包括建立科学的生态保护区规划、推动合理的旅游路线规划，以确保游客的流量不会对自然环境造成不可逆的影响。通过强化对自然资源的管理和监测，乡村旅游可实现对自然景观的长期保护，以确保其可被持续利用。

其次，文化遗产的传承也是乡村旅游保护与利用的重要方面。乡村地区通常承载着悠久的历史和深厚的文化传统，如传统建筑、乡土风情等。在乡村旅游的开发中，保护这些文化遗产不仅有助于传承乡村的历史记忆，还为游客提供了深入了解当地文化的机会。然而，要实现对文化遗产的有效保护，需要综合考虑开发活动对文化的潜在影响。通过设立文化遗产保护区、制定详细的管理规范，乡村旅游在为游客提供体验的同时，最大限度地保护文化遗产的完整性和可持续性。

最后，乡村旅游的可持续发展还需要注重社区的参与和公众教育。通过加强社区居民对旅游资源的认识和保护意识，使其成为旅游开发的受益者和管理者，可以更好地保护和利用这些资源。在公众教育方面，乡村旅游可以通过宣传和举办培训课程等方式，提高游客对环境保护和文化传承的意识，使其具备可持续旅游的理念。同时，引导游客尊重和爱护当地资源，进一步推动乡村旅游的可持续发展。

三、乡村振兴政策对智慧乡村旅游的支持与引导

智慧旅游是一种基于信息技术的旅游模式，可以通过提供个性化、高效、便捷的旅游服务，满足游客的不同需求。将智慧旅游与乡村旅游相结合，可以提高乡村旅游的竞争力、吸引力，同时促进乡村旅游的可持续发展。

（一）政府支持智慧乡村旅游发展

1. 资金支持与政策引导

乡村振兴政策为智慧乡村旅游提供了财政和政策上的支持。资金支持方面，政府可以向乡村提供投资，用于智慧乡村旅游基础设施的建设和技术应用的推广。同时，政策引导方面，政府可以出台相关政策，鼓励乡村开展智慧旅游，如提供税收优惠、奖励政策等，以减轻乡村旅游从业者的经济负担，推动行业的发展。

2. 纳入乡村振兴规划

智慧乡村旅游作为乡村振兴的一部分，被纳入了乡村振兴规划。这意味着政府将其视为乡村经济和社会发展的重要方向之一。通过纳入规划，政府能够更有针对性地进行政策制定和资源配置，使智慧乡村旅游在整个乡村振兴战略中发挥更重要的作用。

（二）政府支持数字化、智能化设施建设

1. 推动乡村基础设施的提升

乡村振兴政策鼓励引入新技术，提升乡村基础设施水平。智慧乡村旅游中的数字化、智能化设施，如智能导览系统、数字化展览馆等，被政府视为重要的基础设施。政府将对这些设施的建设投入大量资源，以提高游客在乡村的游览体验，同时促进相关产业的发展。

2. 提供技术培训与支持

政府在推动智慧乡村旅游发展过程中还会提供技术培训和支持。这包括对乡村旅游从业者和管理者的培训，以提高其对智慧技术的理解和应用能力。政府还可能设立专门的技术支持机构，为乡村提供技术咨询和维护服务，以确保智慧乡村旅游系统的稳定运行。

3. 鼓励数字化管理与服务

政府在政策层面鼓励乡村采用数字化管理和服务。例如，推动乡村建设智能化的信息管理系统通过大数据分析乡村资源的利用情况，以更科学的方式制定发展战略。政府的支持使乡村能够更好地应用数字技术，提高管理效率和服务水平。

第二节 智慧乡村旅游的发展基础、发展历程与重要特征

一、智慧乡村旅游的发展基础

智慧乡村旅游是一种基于信息技术的旅游方式，其发展基础主要包括信息技术、地理信息技术和旅游学等方面。相关技术和旅游理论的综合应用，可以为游客提供更加便捷、高效、个性化的服务，促进乡村旅游可持续发展。信息技术的发展为智慧乡村旅游的实现提供了技术支持，地理信息技术的应用为其提供了空间信息支撑，旅游学的理论研究为其提供了理论基础。

（一）信息技术

1. 物联网

物联网在智慧乡村旅游中的应用可以实现乡村各类设备和资源的互联互通，从而提升乡村旅游服务的智能化水平。通过在农田、景区、住宿等地部署智能传感器和设备，实现对环境、设施、资源的实时监测和管理，这包括农业生产数据的采集，游客数量的统计，以及能源、水源等资源的合理利用。物联网的应用提高了信息的准确性和实时性，为智慧乡村旅游的决策提供了有力支持。

2. 大数据

大数据技术在智慧乡村旅游中的应用呈现出显著优势，主要体现在对海量数据的高效分析和深度挖掘上。通过精确收集和综合分析游客行为、偏好以及乡村资源的利用情况等庞大数据集，大数据技术为乡村旅游提供了多层次的支持，从而促使该领域提供更为精准的服务和实现智能化决策。

首先，在乡村旅游业务中，大数据技术的应用应体现在对游客信息的收集和分析方面。通过对游客在乡村旅游过程中产生的数据进行有效捕捉和分析，旅游从业者可以深入了解他们的偏好、消费行为以及旅游路径选择。这有助于旅游从业者更好地理解目标客群，优化产品和服务，提高游客满意度，促进乡村旅游的可持续发展。

其次，大数据在优化线路设计和推荐服务方面发挥了重要作用。通过对历史旅游数据和实时动态数据的分析，系统能够识别游客的兴趣点和需求，为其提供

个性化的旅游线路推荐。这种定制化的服务不仅提高了游客的满意度，还促使他们更加深入地了解和体验乡村的独特魅力。

最后，大数据技术还为乡村旅游的市场趋势预测和经济决策提供了科学的支持。通过对大规模数据集的深度分析，决策者可以更好地把握市场动态，预测游客需求变化，调整乡村旅游发展战略。这为乡村经济的发展提供了可靠的依据，使乡村旅游业更加适应市场的变化，实现可持续经济增长。

3. 云平台

云平台的广泛应用为智慧乡村旅游注入了强大的技术支持，为乡村旅游服务提供了全方位的计算、存储和管理能力。将各类数据集中存储在云端可以实现远程访问和共享，极大地拓展了乡村旅游的业务范围和服务深度。

首先，云平台的应用为智慧乡村旅游提供了高效的计算和大量的存储资源。传统的数据存储和处理通常需要依赖本地设备，而云平台的兴起实现了对乡村旅游业务所需数据的集中管理。这种云端的计算和存储方式不仅大幅提高了数据的处理速度，还降低了设备的维护成本，使乡村旅游业更具竞争力。

其次，云平台的远程访问和共享特性使乡村旅游服务能够更好地满足不同用户的需求。游客可以通过互联网随时随地访问云端存储的信息，包括旅游线路、景点介绍、住宿预订等。这种远程访问的便利性提高了游客的满意度，也促进了乡村旅游业务的发展。

最后，云平台的搭建为乡村旅游业务的创新提供了可能性。通过云端服务，乡村旅游业可以实现在线预订、在线支付等一系列智能化服务。游客可以通过云平台完成旅游产品的预订、购买和支付，使乡村旅游更加便捷、智能。这种创新的业务模式使乡村旅游能够更好地适应现代社会的需求，推动整个产业升级。

4. 增强现实技术

增强现实技术的广泛应用为游客带来了更丰富的体验和更强烈的互动感。通过将虚拟信息与真实场景相叠加，游客能够更直观地了解和感知乡村景点、文化遗产以及历史沿革。这种技术的运用不仅提升了游客的满意度，还为乡村旅游的宣传和推广提供了全新的手段。

增强现实技术以其强大的沉浸感和互动性为乡村旅游带来了全新的游览方式。通过使用智能显示技术，游客可以在真实的乡村环境中接触和感知虚拟的景点、文化元素以及历史场景。这种融合了虚拟和现实的互动性，使游客能够更深入地了解和体验乡村的独特之处。例如，游客在乡村庙会中可以通过增强现实技术看到传统表演，同时感受历史文化的魅力，这为乡村旅游带来了更为生动的场景。

在乡村旅游的推广和宣传方面，增强现实技术的运用为吸引游客提供了更直观和引人入胜的方式。通过虚拟的叠加，景点和文化元素可以以更生动的形式呈现给游客，激发他们的兴趣。例如，游客在游览乡村历史街区时，通过增强现实技术可以看到古老建筑的重建过程，以及历史事件的还原，这不仅加深了游客对历史文化的理解，也提高了他们的参与感。

5. 人工智能

人工智能在智慧乡村旅游中的广泛应用为旅游体验和管理决策带来了重要革新。其主要应用领域集中在个性化服务和智能决策支持两个方面。

人工智能通过深度学习等技术对游客需求进行全方位分析，实现了更个性化的旅游推荐服务。通过对用户历史行为、兴趣爱好以及实时位置等数据的综合分析，人工智能算法能够准确预测游客的需求，为其提供个性化的旅游线路、景点推荐、餐饮选择等服务。这种个性化服务不仅提高了游客的满意度，还增强了用户对智慧乡村旅游的体验感。

人工智能在乡村旅游的管理决策中发挥着越来越重要的作用。通过对运营数据的深度分析，人工智能可以提供决策支持，为管理者提供科学的运营策略。例如，人工智能可以对游客流量、消费习惯、景点热度等数据进行实时监测和分析，为景区的运营提供科学依据。这使管理者能够更加高效地进行资源配置、活动规划和人员管理，从而提升乡村旅游的整体运营效率。

除此之外，人工智能在智慧乡村旅游中的应用为乡村旅游的可持续发展注入了新的动力。通过深度学习和数据挖掘等技术手段，人工智能为游客提供了更加个性化、智能化的服务，推动了乡村旅游的转型升级。同时，作为决策支持工具，人工智能为管理者提供了更科学和精准的数据分析，助力乡村旅游业的可持续发展。

6. 计算机技术

计算机技术在智慧乡村旅游中扮演着关键角色，其全面应用贯穿于整个乡村旅游服务链条，为实现智能化、高效化的乡村旅游服务提供了坚实的技术基础。

计算机技术在智慧乡村旅游中的一个重要应用方面是智能化的预订系统。借助计算机技术的支持，游客可以通过互联网平台实现在线选择乡村旅游线路、住宿场所，并进行实时预订和支付。这一系统的建立不仅提升了游客的体验，使其可以在任何时间、任何地点进行预订，还为乡村旅游企业提供了更高效的管理方式，实现了资源的优化配置。

计算机技术在智慧乡村旅游中的信息管理系统中发挥着重要作用。这包括对乡村景点、住宿、交通等各类信息的存储、管理和传输。通过计算机技术，这些信息可以被高效地记录、更新和分享，为游客提供了准确、及时的旅游信息。同时，信息管理系统的建立也为乡村旅游企业和政府管理提供了科学依据，实现了对旅游资源的精细化管理和优化配置。

计算机技术的应用涵盖乡村旅游业务的各个方面，如在线支付、电子导游、智能导航等。通过电子支付系统，游客可以方便快捷地完成交易，提高交易效率。智能导游系统为游客提供了更丰富的旅游信息，使其更好地了解乡村景点的历史、文化和特色。

（二）地理信息技术

1. 旅游路线优化

地理信息技术在智慧乡村旅游中的应用为旅游路线的优化提供了空间信息支撑，是智慧旅游系统中的重要组成部分。通过地理信息系统（GIS）等先进工具的应用，可以更有效地规划和管理游客的旅游路线，使其更加合理、高效，从而提升整体的旅游体验。

首先，地理信息技术通过空间分析和地图可视化，可以全面了解乡村旅游目的地的地理特征、景点分布、交通状况等信息，这为优化旅游路线提供了详尽的地理数据支持。通过 GIS，可以对不同景点之间的距离、地形、道路状况等进行精准测量和分析，为游客提供更合理的游览建议。

其次，地理信息技术在乡村旅游中可以实现对游客行为数据的实时监测和分析。通过在景点、路线等关键节点部署智能传感器，可以实时获取游客的位置信息和行为轨迹。通过对这些数据进行分析，系统可以了解游客的流动性、停留时间等行为特征，为优化旅游路线提供精准参考。例如，系统可以根据游客的实时位置和行为，动态调整推荐路线，避免游客拥堵和过度集中。

最后，地理信息技术还可以通过智能推荐系统，结合游客的个性化需求，为其提供定制化的旅游路线。基于地理位置信息和游客历史行为数据，系统可以分析游客的兴趣爱好、偏好倾向，从而为其推荐更符合其期望的景点和路线。这种个性化推荐不仅提高了游客的满意度，还有助于分散游客流量，减轻一些热门景点的压力，实现乡村旅游资源的合理利用。

2. 旅游资源的地理信息整合

地理信息技术为乡村旅游资源的整合提供了有力支持，通过全面、科学地整合景点分布、文化特色、自然环境等方面的地理信息，为旅游企业提供了更精准和全面的决策依据。

首先，地理信息技术通过空间分析，可以对乡村旅游目的地的各种资源信息进行精准定位和标注。景点的地理坐标、文化遗产的空间位置、自然环境的分布等数据都可以通过 GIS 进行整合和展示。这种对地理信息的整合使旅游企业能够清晰地了解各种景点的地理特征及其空间关系，为旅游产品的开发和推广提供了准确依据。

其次，地理信息整合可以对乡村旅游资源进行多层次、多维度分析。通过整合不同类型的地理信息数据，旅游企业可以深入挖掘乡村的文化内涵、自然风光等特色，形成全景式的资源分析。这种多层次的地理信息整合有助于企业更好地了解乡村的独特魅力，为开发独具特色的旅游产品提供支持。

再次，地理信息整合也为旅游企业提供了更科学的市场分析工具。通过整合乡村旅游目的地周边的地理信息，可以分析潜在游客群体的分布、交通状况等因素，为制定市场目标和推广策略提供可靠依据。这种市场分析有助于企业的精准定位，提高市场竞争力。

最后，地理信息整合为旅游企业提供了更灵活的决策工具。通过地理信息系统，企业管理者可以随时随地访问和分析各种地理信息数据，及时调整决策方案。这种灵活性使企业能够更好地应对市场变化、调整产品结构，提高经营的灵活性和反应速度。

3. 个性化服务的提供

地理信息技术的应用为乡村旅游提供了提供个性化服务的新途径，通过分析游客的位置信息、偏好等数据，更好地满足游客个性化需求，提升其满意度，进而推动乡村经济的可持续发展。

首先，地理信息技术通过定位系统等途径，可以实时获取游客的位置信息。通过分析游客当前所在的位置，系统可以根据附近的景点、文化特色等信息，为游客提供个性化的推荐服务。例如，如果游客在某个乡村景区，系统可以向其推荐附近的特色活动、美食等，使游客的旅游体验更加个性化和富有针对性。

其次，地理信息技术可以通过对游客历史行为的分析，了解其偏好和习惯。通过收集和分析游客在之前旅游中的喜好、浏览记录等数据，系统能够更好地了解游客的兴趣爱好，从而为其推荐更符合其需求的旅游产品和服务。这种个性化的推荐不仅提高了游客的满意度，还增强了其对乡村旅游的黏性。

再次，地理信息技术的应用还使游客可以根据个人兴趣自由定制旅游路线。

通过智能手机等终端设备，游客可以获取附近景点的详细信息，根据个人兴趣和时间安排，灵活选择旅游路线。这种个性化的自由选择使游客更加满意，同时有助于分散游客的流量，缓解热门景点的压力。

最后，地理信息技术的应用还为企业提供了更精细化的营销手段。通过分析游客的地理位置和行为，企业可以更有针对性地进行推广活动，例如，向附近游客发送特定景点的促销信息、优惠券等，提高他们的参与度和消费意愿。这种精细化的营销有助于提升乡村旅游业的盈利水平。

（三）旅游学

旅游学作为智慧乡村旅游的理论基础，为乡村旅游业的发展提供了重要的理论支持。

1. 游客行为分析

对游客行为的深刻分析成为乡村旅游发展过程中的关键一环，通过了解游客的行为特点，可以有针对性地开发乡村旅游产品，提供更符合他们期望的服务，进而使乡村旅游更具吸引力。

在智慧乡村旅游中，需要分析的游客行为不仅包括其对景点的选择和活动的安排，还要更加关注游客对当地文化和环境的感知。通过深入研究游客的心理和行为，可以挖掘出更多隐藏的需求和潜在的期望，从而为游客提供更全面、个性化的服务。这一过程中，旅游学理论的应用为实现智慧乡村旅游提供了理论支持和指导。

游客的需求和行为是动态变化的，受到多种因素的影响。在智慧乡村旅游的发展过程中，通过对游客行为的分析，管理者可以更好地把握市场趋势，预测游客的需求变化，从而及时调整和优化旅游产品和服务。

智慧乡村旅游注重个性化服务，这正是通过深入的游客行为分析实现的。了解游客的兴趣、偏好、消费水平等信息，有助于为其提供定制化的旅游产品和服务。智能化系统可以根据个体游客的特征推荐相应的景点、活动、餐饮等，使其在乡村旅游中获得更满意的体验。旅游学的理论体系为制定个性化服务策略提供了理论支持，使智慧乡村旅游更贴近游客的实际需求。

另外，游客对当地文化和环境的感知也是发展智慧乡村旅游时需要深入研究的方面。分析游客对文化资源和环境的反馈，可以更好地保护和传承乡村的文化遗产，提高游客对当地的认同感和满意度。旅游学理论在这方面的应用使乡村旅游业在发展过程中更具文化可持续性，更好地实现经济效益与文化传承的双赢。

2. 可持续发展

在智慧乡村旅游的发展中，可持续发展理论在旅游学的框架下显得尤为重要。可持续发展理论强调在经济、社会和环境的相互关系中寻求平衡，以满足当前需求而不损害未来世代的需求。在乡村旅游领域，这一理论为制定科学、可行的发展策略提供了理论指导，以确保乡村旅游的长期可持续发展。

首先，可持续发展理论强调经济、社会和环境之间的协调发展。在智慧乡村旅游中，经济方面体现在旅游业的盈利和经济效益上，社会方面关乎当地居民的生活质量和社会稳定，环境方面涉及对自然资源和生态环境的保护。通过综合考虑这三方面因素，可持续发展理论引导制定出能够促进经济繁荣、社会和谐、环境健康的乡村旅游发展战略。

其次，可持续发展理论强调与当地社区的积极互动。在乡村旅游实践中，需要通过与当地居民的有效沟通和合作，充分尊重和保护当地文化、传统和生活方式。通过建立共赢机制，确保当地社区能够从智慧乡村旅游中获得实际的经济和社会效益，从而增强他们对旅游业的支持，减少社会不满和抵制的可能性。

最后，可持续发展理论还强调在乡村旅游发展中对自然环境的保护。通过科学的资源规划和管理，可以有效避免过度开发和资源浪费，减少对生态系统的不良影响。

3. 旅游规划与管理

乡村旅游的规划与管理是智慧乡村旅游发展中至关重要的环节，而旅游学的研究为这一领域提供了科学的规划和管理方法。通过深入分析乡村旅游资源及了解游客需求，旅游学为制定合理的乡村旅游发展规划提供了理论基础。

首先，乡村旅游的规划需要充分挖掘和利用当地的自然、文化、历史等资源。旅游学通过对乡村资源的深入研究，可以帮助确定乡村旅游的主题和特色，从而形成有吸引力的旅游产品。例如，通过文化遗产的保护与传承，可以打造独特的文化体验；通过自然资源的合理开发，可以打造生态友好型的乡村旅游线路。这些规划需要充分考虑当地的社会文化、自然环境等因素，确保乡村旅游的发展方向符合可持续发展理论。

其次，旅游管理学的理论为乡村旅游提供了有效的运营和管理手段。在智慧乡村旅游中，管理学的概念可以被应用于制订合理的运营计划、提高服务质量以及实现效益最大化。通过科学的管理方法，可以提高乡村旅游的运营效率，确保游客获得更好的服务体验。例如，通过智能化的预订系统和数据分析，可以更好地管理游客流量，优化资源配置，提高服务效率。管理学的理论还可以帮助制订危机管理计划，以应对突发事件，确保乡村旅游的稳定运营。

最后，乡村旅游规划与管理需要将服务融入当地社会和文化，实现与可持续发展目标的协同。这包括与当地社区的积极互动，充分尊重和保护当地文化、传统和生活方式。通过社会学、人类学等多学科的研究，可以更好地了解当地社会的需求和期望，使乡村旅游更好地融入当地社会生活，推动乡村经济的可持续发展。

二、智慧乡村旅游的发展历程

（一）初期阶段（2000 年前）

在乡村旅游发展初期，即 2000 年前，传统旅游方式主要呈现以下特征。游客主要通过传统媒介获取旅游信息，包括旅游指南、手册、广告、宣传片等。这些媒介在当时是游客了解目的地、规划行程的主要工具。然而，由于传统媒介的限制，游客在选择乡村旅游目的地和活动时，信息获取存在不及时、不全面、不准确的问题。

一旦游客抵达目的地，他们需要依赖人工服务解决各种问题，包括交通、住宿、餐饮等，这种人工服务的方式存在服务质量参差不齐的情况。而且，由于信息传递和反馈的滞后性，游客可能面临一系列不便和挑战，这限制了乡村旅游的全面发展。

然而，随着科技的不断发展，智慧旅游逐渐成为乡村旅游的新发展趋势。现代游客可以通过互联网轻松获取丰富、及时、准确的旅游信息。互联网平台上的各种应用、网站和社交媒体成为游客获取目的地信息和其他旅游者经验的主要途径。这种获取信息的方式显著提高了游客在规划阶段的便利性和效率。

同时，科技的发展推动了智能化设施的引入，解决了游客在出行、住宿、餐饮等方面的问题。例如，智能导航系统、在线预订平台、电子支付等技术的应用，使游客能够更便捷地规划行程、预订服务并支付费用。这种智能化的便利性大幅提升了游客的旅游体验，同时促进了乡村旅游服务的提升。

智慧旅游的兴起不仅提高了旅游信息和服务质量，还为乡村旅游业带来了新的机遇和挑战。新的商业模式、数字化营销手段、精准定位等科技应用的出现，推动了乡村旅游的全面升级。与此同时，智慧旅游也面临着信息隐私、数据安全等问题，需要在发展过程中不断加强管理和规范。

（二）初步探索阶段（2000~2010 年）

在初步探索阶段（2000~2010 年），智慧旅游的概念逐渐崭露头角，成为旅游业发展的关键方向。随着 21 世纪的到来和互联网技术的迅猛发展，智慧旅游概念开始受到广泛关注。在这一时期，互联网技术成为推动智慧旅游发展的核心动力。旅游信息通过互联网进行传播，一些旅游网站纷纷涌现，为游客提供了旅游信息查询和旅游产品预订服务。

互联网技术的应用使旅游信息的获取和传播更加便捷。游客可以通过互联网平台轻松了解景区介绍、交通路线、住宿选择等各种相关信息。同时，互联网也为游客提供了在线完成旅游产品预订和购买的便利渠道。这一时期的智慧旅游初步奠定了信息技术在旅游业中的应用基础，为后续发展打下了坚实基础。

在这一阶段，互联网技术的全面应用不仅仅局限于旅游信息查询和产品预订。智慧旅游平台的建设使景区和旅游企业能够实现对旅游资源的精细化管理和优化配置，提高了资源利用率。通过全面运用互联网技术，景区和企业可以更加高效地组织和运营，提升了整体的竞争力。

在这一时期，对游客行为和需求的深入分析也成为可能，为景区和企业提供了更多精准服务的机会。通过大数据分析等手段，景区和企业可以更好地了解游客的喜好和习惯，为其提供个性化的旅游服务。这一精细化管理和个性化服务的引入，进一步提高了游客的满意度和忠诚度，为智慧旅游的可持续发展奠定了基础。

（三）发展成熟阶段（2011 年至今）

在智慧旅游发展的成熟阶段（2011 年至今），移动互联网技术的崛起成为其发展的主要推动力，为乡村旅游带来了巨大变革。这一阶段的发展呈现出以下几个显著特点。

首先，移动互联网技术的快速发展使智慧旅游进入了发展的快车道。随着智能手机的普及和移动网络的迅猛发展，游客可以随时随地通过移动互联网获取各种旅游信息。相较于传统的信息获取方式，移动互联网技术的应用使旅游信息查询、产品预订等服务更加快捷、高效。在线预订、支付和评价等功能的引入提升了游客在乡村旅游中的便利体验。

其次，移动互联网技术广泛渗透到乡村旅游的各个环节。游客不再依赖传统的旅游手册和广告，而是可以通过智能手机获取实时的景区介绍、交通路线、住宿预订等服务，这使游客的旅游体验更加便捷、个性化。移动互联网技术的广泛应用也为乡村旅游带来了更多创新的可能性，如虚拟导游、增强现实技术等，丰富了游客的旅游选择和体验。

最后，在线服务的全面普及进一步提升了游客的旅游体验。随着移动支付和在线评价等服务的普及，游客不再需要携带大量现金，而是可以通过手机完成支付，提高了支付的便捷性和安全性。同时，通过在线评价，游客可以分享自己的旅游经历，为其他游客提供参考，也促使景区和旅游企业提高服务质量，实现了旅游服务的升级。

三、智慧乡村旅游的重要特征

（一）信息化程度高

1. 智能设备的广泛应用

智慧乡村旅游的显著特征之一是其高度信息化，其中智能设备的广泛应用成为推动这一特征形成的关键因素。在参与智慧乡村旅游的过程中，游客能够充分利用智能手机、平板等智能设备，实现对旅游相关实时信息的随时获取，这一特性为游客提供了更加便捷的旅游体验。

通过智能设备，游客可以随时获得有关景点的详细介绍，包括历史文化、自然风光等信息。这种即时的文化和历史背景的呈现，使游客能够更深入地了解所到之处，从而增强了他们对目的地的认知和体验。此外，智能设备还能提供个性化的旅游路线规划，根据游客的兴趣和需求进行定制，进一步提高了旅游的个性化和定制化水平。

在智慧乡村旅游中，智能设备的应用还包括住宿场所的预订。游客可以通过智能设备实现对乡村旅游目的地的住宿信息的实时了解，并且完成预订，从而获得更灵活、高效的住宿体验。这种便捷的服务不仅节省了游客的时间，还提高了住宿安排的灵活性，能更好地满足游客旅行的需求。

2. 信息技术在资源管理中的应用

智慧乡村旅游的信息技术在资源管理方面发挥了关键作用。信息技术的广泛应用使旅游企业和政府部门能够实现对乡村旅游资源的精细化管理和监测，涵盖了景区人流量监测以及资源利用效率的分析等方面。有了信息技术的支持，这种综合的资源管理为管理者提供了更全面、即时的数据，有助于优化旅游体验和提高资源利用效率。

其中，景区人流量监测是一项关键的管理工具。通过信息技术，管理者可以实时监测游客在景区的分布和活动情况，以便更好地规划和调配资源。这种实时监测有助于预测高峰期和低谷期，从而合理安排人员、设备和服务，提高景区的运营效率。通过对人流数据的深度分析，管理者还能够更好地了解游客的行为特征，为后续的服务提供更加个性化和精准的支持。

资源利用效率分析是信息技术在资源管理中的另一种应用。通过收集和分析各类数据，如设施利用率、能源消耗等，管理者能够更好地了解资源的利用状况。这不仅有助于发现潜在的优化空间，还为可持续发展提供了科学依据。管理者可以根据分析结果制定有效的资源管理策略，推动资源的高效利用，减少浪费，从而实现乡村旅游的可持续发展目标。

3.信息技术在提升个性化旅游体验中的应用

智慧乡村旅游的信息技术在提升个性化旅游体验方面发挥了重要作用。有了信息技术的支持，旅游企业得以更全面地了解游客的个性化需求和偏好，从而为其提供定制化的旅游产品和服务。这一趋势推动了旅游业从传统模式向更具个性化和多样性方向发展，为游客提供更丰富、独特的旅游体验。

首先，信息技术为旅游企业提供了有效的工具，使其能够收集、分析和利用游客的个性化数据。通过移动应用、社交媒体等平台，企业可以获取游客的实时位置、搜索历史、兴趣爱好等信息。这种数据的综合分析能够描绘出每位游客的旅游特征，为后续的个性化推荐提供基础。

其次，信息技术的智能算法能够对大数据进行深度挖掘，识别游客的行为模式和偏好。通过对历史数据的分析，系统可以预测游客可能感兴趣的景点、活动和服务。这为企业提供了有针对性的推荐策略，使游客更容易找到符合其期望的旅游产品和体验。

最后，个性化的服务也延伸到了行程的方方面面，包括但不限于景点推荐、特色活动推荐、美食选择等。旅游企业可以利用信息技术，为游客提供根据其喜好定制的旅游路线，使其能够更全面、深入地体验目的地的独特之处。这不仅提高了游客的满意度，还增强了他们对乡村旅游的美好印象，促进了口碑的传播。

（二）服务体验好

1.基于技术的高质量服务

智慧乡村旅游致力于借助智能终端、云计算和大数据等先进技术，为游客提供更优质和个性化的旅游服务，从而提升整体旅游体验。这一服务的核心特征在于以技术为基础的高质量服务，其涵盖了实时导航、语音讲解、虚拟现实体验等多个方面，为游客带来了更丰富、便捷且个性化的旅游感受。

首先，实时导航成为智慧乡村旅游服务的重要组成部分。借助全球定位系统（GPS）等技术，游客可以在旅行中实时获取导航信息，包括最短路线、交通状况、周边景点等。这种实时导航服务大大提高了游客在乡村旅游中的方向感和导航效率，使其更加轻松地探索乡村的各种景点和体验项目。

其次，语音讲解通过智能终端实现了对景区、文化历史等方面的实时解说。游客可以通过手机或其他智能设备随时听取对周围环境的详细介绍，增强了其对乡村背后故事的理解。这种个性化的语音讲解服务使游客能够更深入地了解乡村的文化底蕴，提高了旅游的文化内涵。

最后，虚拟现实技术的应用为智慧乡村旅游增添了新的维度。通过虚拟现实设备，游客可以在真实场景中融入虚拟元素，体验与传统旅游不同的沉浸感。例如，游客可以通过虚拟现实技术参与农耕活动、体验传统手工艺等，为乡村旅游注入更生动有趣的元素。

2. 大数据支持的个性化服务

智慧乡村旅游的服务体验在于其独特的基于大数据的个性化服务。通过对游客行为数据的收集和深度分析，大数据技术为游客提供更精准的个性化服务。这一服务包括但不限于推荐特色活动、定制旅游路线以及提供个性化的导览服务等，极大地提升了游客的旅游满意度。

首先，大数据技术通过对游客的行为数据进行实时收集和分析，能够迅速捕捉游客的兴趣、偏好和需求。这种个性化信息的获取为景区和企业提供了基础数据，使其能够更好地理解游客的多元化需求。

其次，基于大数据的推荐系统使景区和企业能够向游客精准推荐特色活动和体验。通过分析大数据，系统可以根据游客的兴趣爱好、历史行为等因素，为其提供符合其个性化需求的活动推荐。这不仅提高了游客对乡村旅游的满意度，还使他们更愿意深度体验当地的文化和特色。

再次，大数据技术还支持定制化的旅游路线规划。通过分析历史游客的行为轨迹和反馈，系统可以为每位游客量身定制旅游路线，使其能够更好地根据个人兴趣和时间安排进行行程规划。这种个性化的旅游路线设计不仅提高了游客的满意度，还使其旅游体验更独特和富有深度。

最后，大数据技术的应用为提供个性化导览服务提供了支持。通过整合实时数据和历史信息，导览系统可以为游客提供更为个性化的解说和导览，使其在游览过程中更深入地了解景区的文化、历史和风土人情。

3. 强调用户体验的设计

智慧乡村旅游平台在提供服务体验的过程中，突出了对用户体验的高度关注。这一特征表现在平台设计的用户友好性上，通过直观的界面和简单的操作流程，游客能够轻松地享受各项服务。这种设计理念旨在创造更愉悦和顺畅的用户体验，进而树立游客对智慧乡村旅游的积极认知。

首先，智慧乡村旅游平台的用户界面注重直观性，清晰简洁的设计风格使游客能够迅速理解和熟悉平台的操作方式。直观的界面设计有助于降低游客的认知负担，提高游客的使用效率，使其更加便捷地获取所需信息。

其次，操作流程的简单性是用户体验设计中的关键要素。智慧乡村旅游平台通过简化游客与平台互动的步骤，减少冗长烦琐的操作流程，使游客在使用平台时能够更加流畅地完成各项操作。简单而直观的操作流程有助于提高游客的满意度，使其更愿意选择和持续使用这一智慧旅游平台。

最后，为了进一步优化用户体验，智慧乡村旅游平台还充分考虑了用户的个性化需求。通过游客信息的收集和分析，平台可以为每位游客提供个性化的推荐服务，使其更好地适应个人兴趣和偏好。这种个性化服务的提供不仅提高了游客对平台的依赖性，还使游客体验更加贴近个体需求。

（三）注重可持续发展

1. 精细化管理

智慧乡村旅游在可持续发展方面的特征主要体现在对旅游资源的精细化管理上。信息技术的广泛应用使旅游资源能够得到更精准的监测和管理，从而有效解决了过度开发和资源浪费的问题。这一管理手段通过信息化、数字化的手段，实现了对资源的合理配置和有效利用，为乡村旅游的可持续发展提供了有力支持。

首先，精细化管理在信息技术的支持下实现了对乡村旅游资源的实时监测。利用传感器、监测设备等智能技术，管理者可以对景区人流量、自然环境、文化遗产等进行全面的数据收集。这不仅为管理者提供了数据支持，还使管理者能够更加准确地了解资源的状态和变化趋势，从而采取相应的管理措施。

其次，精细化管理有助于实现资源的合理配置。通过对收集的数据进行分析，管理者可以深入了解乡村旅游资源的分布、利用率等信息，这使管理者能够科学地规划资源的利用，避免出现某些景点被过度开发而导致其他地区资源浪费的问题。合理配置旅游资源有助于提高资源的利用效率，促进乡村旅游的可持续发展。

最后，精细化管理还涉及对游客行为的深度分析。通过大数据技术，管理者可以收集和分析游客的偏好、行为模式等信息。这有助于管理者制定个性化的服务策略，提供更加符合游客需求的旅游产品，同时避免了因服务不匹配而导致的资源浪费。

2. 旅游路线的优化设计

智慧乡村旅游中，可持续发展的关键体现在旅游路线的优化设计上。通过深入分析游客的行为和偏好，借助大数据技术，旅游管理者可以更科学地规划旅游路线，实现资源的均衡利用，减轻特定景点的过度压力，从而为可持续发展提供有力支持。这种优化设计不仅有助于保护自然环境，还有利于维护当地文化的完整性。

首先，通过大数据分析游客的行为，旅游管理者可以深入了解游客的喜好和兴趣。这包括对游客在景区内的活动轨迹、游玩时间、对不同景点的偏好等的详细分析。通过分析这些数据，可以形成对游客行为的全面认知，为规划旅游路线提供科学依据。

其次，基于大数据的分析还可以揭示游客对于自然景观、文化遗产等的需求特点。了解游客的偏好可以帮助管理者更好地调整旅游路线，使之更符合游客的需求。这样在保证游客体验的同时，也能够分散游客的流量，避免游客过度集中在某一地区，减轻了特定景点的压力。

最后，这种优化设计的最终目标是实现资源的均衡利用。通过引导游客分布到不同的景点和地区，可以最大限度地保护自然环境，防止游客流量过大对生态系统产生危害。同时，合理安排旅游路线也有助于维护当地文化的完整性，防止过度商业化和游客过度干扰对当地传统文化产生影响。

3. 旅游环境的保护和资源的可持续利用

智慧乡村旅游的可持续发展体现在对旅游环境的保护和对资源的可持续利用上。信息技术的应用可以有效实现对游客流量的监测和控制，防止过度开发导致环境破坏。同时，对资源的合理规划和管理可以确保这些资源能够得以保护和可持续利用，为乡村旅游的长期发展提供了有力支持。

信息技术在智慧乡村旅游中的应用，尤其是在环境监测方面，为可持续发展提供了科学手段。智能传感器和监测系统可以实时监控游客流量、环境质量等数据。这种信息的及时获取和分析有助于管理者制定有效的管理策略，避免旅游活动对环境产生不可逆影响。通过对游客流量的合理控制，可以减轻对自然景区和文化遗产的过度压力，保护旅游环境的可持续性。

对资源的可持续利用是智慧乡村旅游可持续发展的另一个重要方面。有了信息技术的支持，旅游管理者可以对资源进行更精细化的规划和管理。这包括对土地资源、水资源、能源等的合理配置，以及对农产品、手工艺品等的可持续生产和销售。信息技术的应用使资源的开发和利用更加有序，避免了资源的过度消耗和浪费，有助于乡村旅游的可持续经营。

在智慧乡村旅游中，通过信息技术对游客流量和资源的精细管理，不仅可以保护旅游环境，还能够实现资源的可持续利用。这种可持续的管理方法不仅有助于维持乡村的自然和文化景观，还能够推动当地社区的繁荣和经济的可持续发展。因此，智慧乡村旅游在可持续发展方面发挥重要作用，为乡村旅游的未来发展奠定了坚实基础。

第三章

智慧乡村旅游系统设计基础

第一节　系统设计基本追求和特殊考虑

一、系统设计的基本追求

（一）高效性

1. 优化算法的应用

在智慧乡村旅游系统设计中，实现高效性的关键在于精心选择和应用优化算法，以提升系统在处理大量数据和用户请求时的效率。优化算法的选用直接决定了系统的性能表现，其采用了诸如分而治之、贪心算法以及动态规划等策略，以最大限度地优化系统的运行效能。

优化算法在系统设计中的应用是为了应对智慧乡村旅游系统所面临的巨大而分散的数据处理需求。其中，分而治之的策略允许系统将庞大的任务划分为更小、更易管理的子任务，通过并行处理提高整体的数据处理效率。贪心算法则通过在每一步选择最优解，逐步构建问题的解决方案，以迅速找到整体最优解。而动态规划则在处理重叠子问题时避免了重复计算，从而减少了系统的运算负担，提高了处理效率。

系统设计师需要仔细权衡不同优化算法之间的优劣势，考虑系统的实际需求和运行环境，合理地选择和应用这些算法将使智慧乡村旅游系统更具高效性，使其能够在面对庞大而分散的数据和用户请求时依然快速、准确地响应。这种技术的应用不仅提高了系统的性能，还为智慧乡村旅游系统在处理大规模数据时提供了有效的解决方案。

2. 缓存技术的有效利用

在系统设计中，巧妙地引入缓存技术是实现高效性的一种切实有效的途径。通过充分利用缓存机制，系统能够迅速响应用户需求，减轻数据库等后端资源的负担，从而显著提高整体性能。

缓存技术的有效利用主要体现在对热门数据和频繁请求的信息的智能缓存上。系统通过监测用户的访问模式，将经常被查询的数据或者被频繁请求的信息存储在缓存中。这样，在用户再次请求相同数据时，系统能够直接从缓存中获取，而无须重新访问数据库或其他后端资源。这不仅大幅提升了数据的获取速度，还有效减轻了后端资源的压力，为系统的高效运转创造了有利条件。

此外，合理设置缓存的过期时间和更新策略也是确保缓存技术有效利用的重要考虑因素。通过设置适当的过期时间，系统可以定期刷新缓存，确保用户获取的信息始终是最新的。同时，智能的更新策略可以在数据发生变化时及时更新缓存，保持缓存的准确性和实时性。

（二）可靠性

1. 冗余设计的实施

在系统设计中，冗余设计是一种关键策略，旨在提升系统的可靠性。通过引入冗余机制，如备份服务器、冗余存储等，系统得以在面对硬件故障或其他异常情况时保持运行，确保服务的连续性。这一实施是系统设计领域不可或缺的一环，对于保障智慧乡村旅游系统的稳定运行具有深远的现实意义。

冗余设计的核心思想是通过备份和多余的资源，为系统提供备用方案，以应对潜在的故障和异常。其中，备份服务器是冗余设计的常见手段之一。系统通过在不同的地理位置或数据中心设置备份服务器，实现数据的实时同步或定期同步。当主服务器发生故障时，系统能够迅速切换到备份服务器，确保服务的持续性。

另外，冗余存储也是提高系统可靠性的重要措施。通过在系统中设置冗余的存储设备，如 RAID（冗余磁盘阵列）技术，可以在单个存储设备发生故障时保持数据的完整性和可访问性。这种冗余机制有效降低了数据丢失的风险，提高了系统的稳定性。

然而，冗余设计并非简单地增加硬件设备，还需要合理地设计和管理。对于不同类型的冗余，系统设计者需要根据具体情况权衡资源投入和实际需求，以达到最佳的性能和可靠性的平衡点。

2. 错误处理机制的建立

在系统设计中，建立完善的错误处理机制是确保系统稳定性和可靠性的重要一环。通过异常捕获、日志记录等手段，系统能够及时发现和处理潜在问题，有效地应对各种异常情况，从而提升整体的可维护性和用户体验。

错误处理机制的建立包括以下几个重要方面：

首先，异常捕获是错误处理机制的基础。在系统设计中，通过合理设置异常捕获点，捕获可能发生的异常事件，系统能够在异常发生时及时中断程序，转而执行相应的错误处理程序。这有助于避免异常蔓延和导致系统崩溃，从而保障系统的稳定运行。

其次，日志记录是错误处理机制中的关键环节。系统设计者可以通过记录异常日志，追踪异常发生的原因和过程，及时定位和解决问题。合理的日志记录还能为系统性能优化和未来升级提供有力的数据支持，具有长期的学术和实践价值。

最后，系统设计中应当考虑异常信息的友好展示，以提高用户体验。当异常发生时，向用户提供清晰、易懂的错误信息，有助于用户理解问题的性质并获得解决方法，降低用户的困扰程度。

在错误处理机制中，对于不同类型的异常，系统设计者需要有针对性地选择处理策略。例如，对于临时性的网络故障可以通过重试机制来解决，而对于持久性的数据库连接失败则需要采取备份机制等手段。

（三）可维护性

1. 模块化设计

在系统设计中，模块化设计是一种重要的实践方法，其主要目标是提高系统的可维护性。通过采用模块化设计，系统被分解为相互独立的模块，每个模块负责特定的功能，从而降低了系统整体的复杂性，以便于理解、开发和维护系统。

模块化设计的优势体现在以下几个方面：

首先，模块化设计可提高系统的灵活性。通过模块拆分，系统的各个功能被划分为不同的模块，每个模块专注于特定的任务或功能。这种分工明确的设计使每个模块相对独立，降低了模块之间的耦合性，提高了系统的灵活性。另外，模块化设计有助于加快开发过程，每个团队或开发者可以专注于开发自己负责的模块，提高了开发效率。

其次，模块化设计便于开发者理解系统的结构和功能。每个模块都有清晰的功能划分，提供了抽象的接口，使系统整体的结构更直观。这有助于降低开发者在理解系统时的认知负担，同时也为新成员的快速融入提供了良好的基础。

最后，模块化设计使系统的不同部分可以独立开发和升级。当需要修改系统的某一功能时，只需关注相关模块，而不必涉及整个系统的代码。这种独立性使系统的升级和维护更灵活和可控，降低了引入新特性或修复的风险。

2. 清晰的代码结构

在系统设计中，追求清晰的代码结构是确保软件可读性和可维护性的重要方面。清晰的代码结构通过良好的编码规范、命名规范等实践来实现，旨在提高代码的可理解性、可读性和可维护性。以下是关于清晰代码结构的一些实践方法：

首先，良好的编码规范是构建清晰代码结构的基础。编码规范定义了一致的代码风格，包括缩进、命名规则、注释等。这有助于提高代码的一致性，降低开发人员在理解和维护代码时的认知负担。

其次，合理的命名规范对于代码的可读性至关重要。使用有意义的、表达力强的变量名和函数名能够使代码更易于理解。命名应当简洁明了，避免使用过于简单或过于复杂的名称，确保命名能够准确地反映变量或函数的用途。

最后，代码注释和文档化也是保持代码结构清晰的有效手段。通过注释，开发人员可以解释代码的设计思路、关键逻辑、函数用途等，使他人更容易理解代码的意图。文档化则可以在更高层次上阐述系统的整体设计、模块划分和交互关系，为开发者理解系统提供全局视角。

清晰的代码结构不仅关乎代码本身的可读性，还直接影响系统的可维护性。当代码结构清晰时，开发人员更容易找到并理解代码，从而更快速、更可靠地进行修改、优化和扩展。这种可维护性对于系统的长期演进至关重要。

（四）可扩展性

1. 松耦合设计原则的应用

可扩展性的实现在系统设计中的关键在于应用松耦合的设计原则。这一设计原则旨在降低系统内部各个模块之间的紧密度，使它们可以相对独立地演化和变化，从而实现系统的灵活扩展。以下是松耦合设计原则在系统设计中的应用方法：

首先，将系统划分为相互独立的模块。通过合理的模块划分将系统拆分成独立的功能单元，每个模块专注于执行特定的任务或提供特定的功能。这样的划分有助于降低模块之间的依赖性，实现模块的高内聚、低耦合。

其次，采用接口定义模块间的通信方式。通过定义清晰的接口，模块之间的通信方式变得透明而标准化。这种透明性和标准化有助于模块之间更加独立地演化，因为一个模块的变化不会影响其他模块。

再次，模块内部的实现细节对外部模块隐藏。通过封装隐藏模块的实现细节，可以进一步降低模块之间的耦合度。其他模块只需知道模块的公共接口，而无须关心其内部的具体实现。这种封装有助于隔离变化，使系统更容易适应未来的需求变化。

最后，采用发布—订阅模式实现模块间的松耦合。在这种模式下，模块之间通过发布和订阅事件的方式进行通信，而不是直接调用对方的方法。这样，模块之间无须显式地了解彼此的存在，从而实现了更加松散的耦合关系。

2. 微服务架构的引入

微服务架构的引入是实现可扩展性的一种高效方式。微服务架构的核心思想是将整个系统划分为小型、自治的服务单元，每个服务单元都负责特定的业务功能，能够独立部署、升级和扩展。这种架构方式在智慧乡村旅游系统设计中的应用具有重要意义。

首先，微服务架构强调每个服务单元的自治性。这意味着每个服务单元都是相对独立的，拥有自己的数据库、业务逻辑和用户界面。这种自治性使系统的各个功能单元之间解耦，一个服务单元的变化不会对其他服务单元产生直接影响，提高了系统的灵活性和可维护性。

其次，微服务架构支持分布式部署。由于每个服务单元都可以独立部署，可以采用不同的技术栈和开发语言，并根据需要进行独立升级。这种分布式部署方式有助于系统的水平扩展，可根据用户需求和流量变化迅速调整服务单元的数量，提高系统的可伸缩性。

最后，微服务架构通过服务间的松耦合实现了系统的高内聚、低耦合。每个服务单元都有清晰的边界和接口定义，服务之间通过定义明确的 API 进行通信。这种松耦合的设计原则使系统更容易应对变化，降低了模块之间的依赖性。

二、系统设计的特殊考虑

（一）数据处理效率

1. 分布式数据存储的应用

在乡村旅游系统设计中，面对地域较大、资源分散的特殊挑战，分布式数据存储技术成为提高数据处理效率的重要手段。该技术通过将数据存储在多个节点上，实现数据就近存储和访问，以减少数据传输时间、提升系统响应速度，使智慧乡村旅游系统的设计和实施具有显著优势。

首先，分布式数据存储技术通过对数据的水平划分和分布式存储，将大规模数据分散存储在不同的节点上。这种分布式的存储方式避免了传统集中式存储的单点故障问题，提高系统的稳定性和可靠性。同时，这也有助于降低每个节点存储的数据量，减轻单一节点的存储压力，优化系统整体的数据管理效率。

其次，分布式数据存储技术实现了数据就近存储和访问。由于乡村地域较大，采用传统的集中式存储方式可能导致数据传输时间较长，降低系统的响应速度。而分布式存储允许系统根据用户的地理位置或需求，选择离用户最近的节点进行数据访问，从而降低数据传输的延迟，提升用户体验。

最后，分布式数据存储技术还提供了更好的扩展性。系统可以随着需求的增加而方便地增加新的存储节点，实现横向扩展。这种灵活的扩展性使系统更能适应乡村旅游业务的发展变化，确保系统在面对不断增长的数据量和用户规模时依然能够保持高效的运行状态。

2. 数据压缩技术的运用

在智慧乡村旅游系统设计中，面对大量分散的数据，引入数据压缩技术成为一种有效策略。通过对传输的数据进行压缩，系统能够减少数据传输量，降低网络传输成本。

数据压缩技术的应用不仅能够降低网络传输成本，还能提高系统的传输效率。通过使用数据压缩算法，系统能够在传输数据时将其压缩成更小的体积，这对于地域较大、资源分布分散的乡村尤为重要，有助于保证用户在获取信息时系统能够更快速、高效地完成数据传输，提升了系统的整体性能。

另外，数据压缩技术的引入也有助于减轻系统负担。传输大规模的数据会消耗系统的计算和存储资源，而采用数据压缩技术可以降低数据的体积，减轻系统处理和存储的压力。这对于保持系统的高效运行和稳定性至关重要，特别是在面对大规模用户访问时，系统能够更好地应对并确保各项服务的可用性。

（二）多元因素的综合考虑

1. 多元因素的数据模型

在智慧乡村旅游系统设计中，由于乡村旅游涉及文化、自然等多方面因素，为了全面了解和呈现乡村旅游的多层次特征，系统设计需要采用多元因素的数据模型。这种模型的建立旨在更好地应对乡村旅游的复杂性，使系统具备更全面的信息处理和呈现能力，从而提升用户体验和系统价值。

首先，多元因素的数据模型需要考虑乡村旅游的多样性。乡村旅游涵盖了丰富的文化和自然资源，如传统手工艺、当地风土人情、自然景观等。因此，系统设计应当包括文化、自然等多个元素，以确保系统能够全面地覆盖和理解这些多样的旅游资源。

其次，建立综合的数据模型是实现对多元因素全面了解的关键。这意味着系统需要整合来自不同领域的数据，建立一个综合的、跨领域的数据模型。例如，系统可以将地理信息、文化历史、自然环境等数据融合到一个整体的数据结构中，使系统具备更强的分析和展示能力。

再次，多元因素的数据模型应具备灵活性，以适应不同地区和乡村的特殊性。各个乡村地区的文化、自然等元素存在差异，因此系统设计应当考虑可配置性和可扩展性，以适应不同乡村旅游的需求。

最后，多元因素的数据模型应当为系统提供深度解析的能力。通过对各个元素进行分析，系统能够洞察用户的偏好、行为习惯以及对旅游资源的需求，从而为用户提供更个性化、精准的推荐和服务。

2. 综合分析技术的应用

在智慧乡村旅游系统设计中，引入综合分析技术是满足用户多元素需求的有效手段。这一技术的应用通过数据挖掘、综合分析等方法，深入挖掘各个因素之间的关联，从而为乡村旅游提供更全面的支持。这种方法的核心目标是通过整合和分析各种数据，深度洞察乡村旅游的多层次特征，从而为系统用户提供更丰富、个性化的智慧旅游服务。

首先，综合分析技术通过数据挖掘的手段，能够从大量的数据中挖掘出潜在关联。对于乡村旅游而言，系统可以通过分析用户的历史行为、偏好、地理位置等数据，发现不同元素之间的潜在联系。这有助于系统更好地理解用户需求，为其提供更个性化的推荐和服务。

其次，采用综合分析技术可以实现对多元因素的全面分析。通过对文化、自然等多个元素的数据进行整合分析，系统可以绘制出乡村旅游的全貌，为游客提供更全面的信息。例如，系统可以分析不同地区的文化特色、自然景观，以及用户对这些元素的偏好，为其推荐更符合个性化需求的旅游线路和活动。

再次，综合分析技术还能够实现对大数据的高效处理。智慧乡村旅游系统可能涉及庞大的数据量，包括用户信息、地理数据、文化历史等多方面信息。通过采用综合分析技术，系统可以高效处理这些数据，提高系统的响应速度和处理效率。

最后，综合分析技术的应用有助于系统在面对乡村旅游的复杂性时更好地适应各种场景。通过对不同元素的综合分析，系统可以更全面地了解和应对乡村旅游中可能涉及的各种情况，为游客提供更全面、综合的智慧旅游体验。

（三）用户的多样性

1. 个性化推荐算法的实施

在智慧乡村旅游系统设计中，为了满足用户多样性的需求，系统应采用个性化推荐算法。个性化推荐算法是一种基于用户个体差异的智能化手段，通过精准推荐为用户提供更加个性化的乡村旅游体验。

首先，个性化推荐算法的实施基于对用户行为的深度分析。系统会收集和分析用户在平台上的浏览、搜索、购买等行为数据，从中提取用户的偏好和兴趣。这一过程依赖大数据技术，通过对用户大量行为数据的挖掘，建立用户画像，从而更好地理解用户个体的需求和喜好。

其次，通过利用机器学习和数据挖掘技术，系统能够建立起个性化推荐模型。该模型可以根据用户的历史行为和兴趣特点，预测用户可能感兴趣的乡村旅游活动、景点等内容。算法可以学习用户的喜好模式，实现个性化推荐的精准性和准确性。

再次，个性化推荐算法的实施还依赖于不同推荐算法的选择，如协同过滤、基于内容的推荐、深度学习等。这些算法在挖掘用户偏好和生成推荐结果方面有不同的优势和适用场景。系统需要根据具体情况选择合适的算法或采用混合算法，以提供更有效的个性化推荐服务。

最后，系统实施个性化推荐算法，还需考虑用户隐私保护和数据安全问题。系统应建立健全的隐私保护机制，明确数据收集和使用目的，确保用户的个人信息不被滥用。同时，系统需要采用安全可靠的数据存储和传输方式，保障用户数据的安全性。

2. 用户行为分析技术的运用

为保证智慧乡村旅游系统具备良好的灵活性，可采用用户行为分析技术。这一技术通过监测用户在系统中的行为，从中了解其需求和习惯，以便调整系统功能和服务，使其更符合用户期望。用户行为分析技术是一种重要的智能化手段，通过对用户交互数据的挖掘，系统能够更好地理解用户的行为模式，为系统的优化和个性化提供有力支持。

首先，用户行为分析技术的运用基于大数据技术。系统通过收集和存储用户在平台上的各类行为数据，如点击、搜索、浏览历史等，形成用户行为的全面记录。这些数据量庞大，需要借助大数据处理技术进行存储、管理和分析。通过大数据技术，系统能够更全面、深入地了解用户在平台上的活动轨迹，为后续的行为分析提供坚实的数据基础。

其次，用户行为分析技术通过数据挖掘和机器学习方法对用户行为数据进行深度分析。系统可以运用聚类分析、关联规则挖掘、预测建模等技术手段，从海量的用户行为数据中提取有用的信息和模式，这使系统能够洞察用户的兴趣、偏好和行为习惯，为系统提供更深层次的用户理解。

再次，基于用户行为的深度分析使系统可以进行个性化服务的优化。通过了解用户在乡村旅游平台上的兴趣点和需求，系统能够调整推荐算法、个性化服务，使用户更容易找到符合其期望的乡村旅游活动、景点等。这种个性化服务的优化能够显著提升用户的满意度和体验感。

最后，用户行为分析技术也为系统提供了持续优化的机会。通过对用户反馈和行为数据的监测，系统能够实时调整服务策略，不断优化系统的功能和性能，以更好地适应用户的需求。

第二节　智慧乡村旅游系统整体设计

一、系统整体结构与模块划分

智慧乡村旅游系统的整体结构应该综合考虑前端用户界面、后端服务器、数据库以及与其他系统进行交互的接口。这种综合性的设计有助于提供用户友好的界面，同时保证系统的性能、可扩展性和稳定性，如图 3-1 所示。

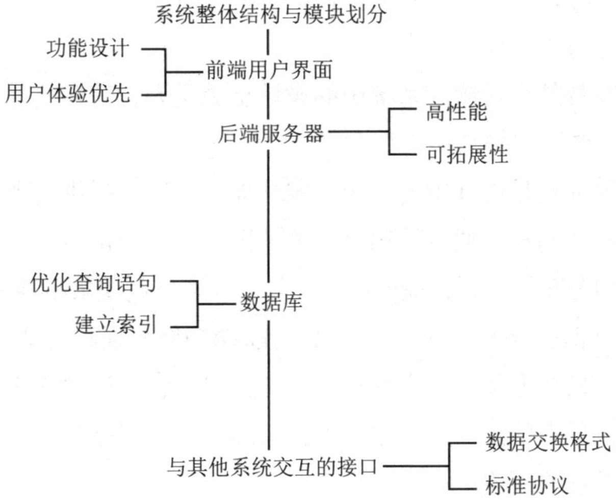

图 3-1　智慧乡村旅游系统整体结构

（一）前端用户界面

1. 用户界面设计原则

在智慧乡村旅游系统的前端用户界面设计中，用户界面设计原则是确保用户体验和系统可用性的基石。

首先，直观性是设计中的关键考量之一。通过采用直观的设计语言，使用户能够迅速理解和熟悉系统的操作方式。这包括清晰而直观的图标、按钮以及易于理解的标签，以降低用户学习曲线，提高系统的可用性。

其次，一致性在用户界面设计中占有重要地位。通过保持界面元素的一致性，如相似的颜色、字体和排版风格，能够建立用户对系统的信任感和稳定感。一致性还包括操作的一致性，确保相似功能的操作方式相同，从而降低用户因为界面差异而感到困惑的可能性。

再次，反馈性是另一个至关重要的设计原则。系统应该对用户的操作做出及时而明确的反馈以强化用户的行为，并提供实时信息以指导用户的下一步操作。例如，在点击按钮或提交表单后，系统应该及时给予用户反馈，告知操作成功或失败，并提供相应的指引。

最后，清晰的导航结构也是设计中需要特别关注的方面。通过合理布局和设计导航菜单使用户能够迅速找到所需功能，提高系统的可用性和用户满意度。这可以通过采用简单的、易于理解的菜单结构、面包屑导航等方式来实现。

此外，设计团队还应该注重用户群体的特征和需求，采用以用户为中心的设计方法，以确保界面设计符合目标用户的认知习惯和使用习惯。通过用户调研和反馈及时调整设计，提高系统的用户满意度和可用性。

2. 功能设计与用户体验优化

前端界面在智慧乡村旅游系统中的设计至关重要，旨在提供丰富而直观的功能，以优化用户体验并提高用户满意度。

首先，地图导航是设计中的一个关键功能，为用户提供直观的导航体验，使其能够轻松找到目的地。通过采用交互式地图，并结合定位技术，用户能够准确了解周围景点的分布，获得便捷的路径规划，从而获得更好的旅游体验。

其次，景点信息展示是另一个重要的前端功能。通过巧妙的布局和图文结合，用户可以轻松获取关于各个景点的详细信息，包括历史文化、特色活动、开放时间等。优化景点信息的展示方式使其清晰易读，能够吸引用户深入了解，从而提高用户对景点的兴趣。

再次，个性化推荐是一项涵盖用户喜好和历史记录的智能功能。通过分析用户的浏览历史、收藏信息等，系统可以向用户推荐个性化的旅游线路、景点等。这种个性化推荐不仅提高了用户对系统的黏性，还为用户提供了更贴心的服务，增强了用户对系统的信任感。

最后，在实现这些功能的过程中，采用响应式设计是至关重要的。通过考虑不同设备的屏幕尺寸和分辨率，确保界面在各种设备上都能够良好展现。这有助于提升系统的可访问性，使用户无论使用电脑、平板还是手机，都能够获得一致的用户体验。

此外，还可以考虑引入虚拟现实（VR）和增强现实（AR）技术，为用户提供沉浸式旅游体验。通过结合虚拟景点和实际环境，用户可以在虚拟空间中感受真实的乡村风光，从而进一步增强旅游的趣味性和吸引力。

3. 技术选型与开发框架的选择

在智慧乡村旅游系统的前端开发中，技术选型和开发框架的选择对系统的性能、可维护性和用户体验起着重要作用。

首先，合适的前端开发技术和框架是确保系统高效运行的基础。目前，React 和 Vue.js 等现代前端框架因其优秀的性能和灵活性而备受青睐。这些框架提供了组件化的开发模式，使前端代码更易维护和扩展。选择这样的开发框架可以提高开发效率，降低维护成本，并确保系统的稳定性。

其次，采用现代前端技术对于提升用户体验也是至关重要的。异步加载是一种有效的手段，通过将页面分成多个模块，只在需要时加载所需的内容，从而减少初始加载时间。这可以通过使用 Webpack 等构建工具实现，使用户在访问系统时能够感知到页面的加载速度，从而提高用户的整体体验。

再次，响应式设计的支持也是在技术选型中需要考虑的因素之一。用户可能使用各种设备，如电脑、平板和手机，访问智慧乡村旅游平台。因此，选择能够适应不同屏幕尺寸和分辨率的技术和框架，确保在各种设备上都提供一致的用户体验，是前端开发中的一项重要策略。

最后，技术选型还应该考虑系统的未来发展和可扩展性。选择具有强大社区支持和活跃开发者社群的技术和框架，其能够更好地适应不断变化的前端技术和标准，保障系统的长期可维护性和可升级性。

（二）后端服务器

1. 业务逻辑与数据处理

在智慧乡村旅游平台的后端服务器设计中，业务逻辑和数据处理是至关重要的组成部分，直接影响系统的性能和功能的实现。后端服务器作为系统的核心，需要处理复杂的业务逻辑，涉及用户请求的处理、数据的计算和交互等多方面任务。

为了有效处理这些任务，采用面向服务的架构是一种有效的设计策略。通过将系统拆分为多个独立的服务模块，每个模块专注于实现特定的业务功能，能够提高系统的可维护性和可扩展性。这种模块化设计使系统更容易进行拓展和升级，同时降低了单一点故障对整个系统的影响。

划分业务模块需要考虑业务逻辑的高内聚和低耦合。高内聚表示模块内的各个组件紧密相关，可以完成一个特定的任务，而低耦合表示模块之间的依赖关系较弱，一个模块的变化不会对其他模块造成太大影响。合理的模块划分可以提高代码的可读性和可维护性，降低系统的复杂性。

为了提高系统的性能，可以采用异步处理和并行计算等技术。异步处理能够使服务器在处理大量并发请求时更高效，而并行计算则可以充分利用多核处理器的优势，加速数据的计算过程。这种技术手段可以有效提升系统的响应速度，提高用户体验。

另外，后端服务器设计还需要考虑数据库的设计和优化。选择适当的数据库类型（关系型或非关系型）、优化查询语句和建立索引，能够提高数据的检索效率，保障系统的性能。

2. 高性能与可扩展性设计

在智慧乡村旅游系统的后端服务器设计中，高性能和可扩展性是重要的设计目标，直接影响系统的稳定性和可用性。为了达成这些目标，引入一系列高级技术和策略是必不可少的。

首先，负载均衡是实现高性能的重要因素之一。在服务器架构中引入负载均衡技术能够将用户请求分发到多个服务器节点上，避免某一节点成为瓶颈，提高系统整体的吞吐量。负载均衡技术可以基于不同的算法进行选择，如轮询、最少连接等，以确保各个服务器节点的负载相对均衡，实现高效的请求处理。

其次，采用分布式缓存是提高系统性能的有效手段之一。在多个节点上部署缓存服务能够有效降低数据库访问压力，加速数据的读取速度。常见的分布式缓存系统包括 Redis 和 Memcached，它们具有高速的数据存取能力，有助于提高系统的响应速度和并发处理能力。

最后，在数据库方面，使用合适的数据库连接池是确保系统高性能的关键。数据库连接池能够管理数据库连接的复用，减少连接的创建和销毁开销，提高数据库的访问效率。同时，合理配置连接池的参数以适应系统负载的变化，确保连接池的稳定性。

此外，优化数据库查询语句是提高系统性能的重要步骤。通过分析和优化查询语句，减少不必要的数据读取和计算，降低数据库负担，提高数据检索效率。建立适当的索引也是优化数据库性能的有效手段之一，可以加速数据的查找过程，提升系统的响应速度。

3. 安全性与权限控制

在智慧乡村旅游系统的后端服务器设计中，安全性和权限控制是系统设计中不可忽视的重要方面，直接涉及用户数据的保护和系统的安全运行。为了确保系统的安全性，必须实施严格的安全策略。

首先，数据加密是确保用户数据安全的基础。采用合适的加密算法对用户数据进行加密处理，可以防止潜在的数据泄露和非法访问。加密技术涵盖了数据传输时的加密（如 SSL/TLS 协议）、数据存储时的加密等，从而全面提高用户数据的保密性。

其次，身份验证是系统安全的第一道防线。在用户登录过程中，采用安全的身份验证机制，如多因素认证，以确保只有合法用户能够访问系统。这包括使用用户名和密码的基本身份验证方式，以及更加安全的生物识别技术或硬件密钥等高级身份验证方式。

再次，授权机制是控制用户访问权限的关键。通过建立完善的权限控制体系，系统能够精确判断不同用户在系统中的权限范围。这包括对用户进行角色分配，每个角色拥有特定的权限集合。只有授权用户能够访问敏感数据和执行关键功能，确保系统的安全性和合规性。

最后，权限控制体系的建立需要考虑细致入微的细节，包括对每个功能和数据的权限粒度进行划分。这有助于确保用户只能访问其权限范围内的信息，避免了对系统的滥用和不当访问。

此外，要建立安全日志记录系统，记录用户的操作日志和系统事件，以便及时发现潜在的安全问题。其中，安全性审计是一个重要环节，通过定期审计系统的安全性能，及时修复潜在漏洞，提升系统整体安全水平。

（三）数据库

1. 数据库类型选择

在智慧乡村旅游系统的数据库设计中，数据库类型的选择是一个重要决策，直接影响系统的性能和数据管理效率。根据系统需求，可以选择关系型数据库（例如 MySQL、PostgreSQL）或非关系型数据库（例如 MongoDB、Cassandra）等不同类型的数据库。

关系型数据库具有良好的数据一致性和事务处理能力，适用于需要强调数据关系和查询复杂的场景。MySQL 和 PostgreSQL 是两种常用的关系型数据库，它们以稳定性和成熟性著称。在需要保持数据的一致性、进行复杂查询和支持事务的情况下，关系型数据库是一个可靠的选择。

非关系型数据库强调数据的灵活性和横向扩展性。MongoDB 和 Cassandra 是两种常见的非关系型数据库，它们适用于需要处理大量非结构化或半结构化数据并需要横向扩展的场景。非关系型数据库在某些情况下能够更好地应对系统需求的变化和快速的数据插入、查询操作。

在实际应用中，根据数据特点，有时也可以选择混合使用多种数据库技术，实现更灵活的数据管理。例如，使用关系型数据库存储用户信息、交易数据等结构化数据，而使用非关系型数据库存储日志信息、大数据等半结构化或非结构化数据。这样的混合使用能够充分发挥各种数据库的优势，提高系统的整体性能。

此外，选择数据库时还需要考虑数据库的可扩展性。在系统不断发展的过程中，数据量可能会急剧增加，因此数据库应当方便进行横向扩展。选择支持分布式架构和横向扩展的数据库系统可以更好地适应系统的未来发展。

2. 查询性能优化与索引设计

在智慧乡村旅游系统的数据库设计中，查询性能的优化和索引设计是关键的数据库管理策略，直接关系系统的数据检索效率。通过优化数据库查询语句和设计有效的索引，可以显著提升数据库的性能。

数据库查询性能的优化需要从优化查询语句入手。通过合理编写和优化 SQL 查询语句，避免使用过于复杂或低效的查询方式，可以减轻数据库负担，提高数据检索的效率。

使用合适的索引，避免全表扫描，是优化查询性能的重要手段之一。在表的关键列上创建索引可以大幅提高查询速度，可以考虑在智慧乡村旅游系统中为经常被查询的字段和经常需要进行排序和分组的字段创建索引。然而，在创建过程中需要权衡索引的数量和性能，过多的索引可能会导致写入操作的性能下降，因此需要综合考虑查询和写入的操作需求。

此外，可以采用垂直划分和水平划分等手段优化数据库表结构，以适应系统不断增长的数据量。垂直划分是指将表按照列进行划分，将不同的列存储在不同的表中，使每个表的数据量更小，提高查询性能。水平划分则是将表按照行进行划分，将不同行的数据存储在不同的表或分区中，降低单表的数据量，提高查询效率。这种划分策略有助于避免数据过多导致的性能瓶颈。

考虑到数据量的增长，可以采用定期的数据库维护和优化策略，包括数据清理、表压缩、统计信息更新等，以保持数据库的高性能状态。选择合适的存储引擎和分区策略也是优化数据库性能的重要因素。

3. 数据备份与恢复策略

在智慧乡村旅游系统的数据库管理中，制定完备的数据备份与恢复策略是确保系统数据安全性和可靠性至关重要的一环。通过合理设计备份策略和有效的数据恢复机制，可以最大限度地降低因数据丢失或系统故障而导致的损失。

首先，建立定期的数据备份计划是数据管理的基础。定期备份系统的数据可以确保在意外事件发生时数据能够迅速还原到最新的可用状态。备份频率应根据数据的变化速度和重要性来确定，一般而言，对于经常发生变化的重要数据可以考虑更频繁的备份。同时，备份的数据应该存储在不同的地理位置或独立设备上，避免因某一地点或设备的故障而导致所有备份失效。

其次，选择合适的备份类型是备份策略设计中的重要一环。常见的备份类型包括完全备份、增量备份和差异备份。完全备份是指备份所有数据；增量备份则只备份自上次备份以来发生变化的数据；而差异备份则备份自上次完全备份以来发生变化的数据。合理结合这些备份类型可以在降低备份存储成本的同时，确保系统能够在最短时间内进行数据恢复。

再次，制订紧急情况下的数据恢复计划也是备份策略的重要组成部分。在系统出现故障或数据丢失的紧急情况下，能够迅速有效地进行数据恢复是至关重要的。因此，相关人员需要在备份策略中明确数据恢复的步骤、工具和人员责任，并定期进行恢复演练，确保工作人员在真实情况下能够迅速有效地还原数据。

最后，监控和审计备份过程也是数据备份与恢复策略的重要组成部分。建立监控系统，定期检查备份的完整性和可用性，确保备份数据的质量。同时，记录备份过程的日志、审计备份操作有助于及时发现备份过程中的异常，以便及时采取措施解决问题。

（四）与其他系统交互的接口

1. 接口设计原则

在智慧乡村旅游系统的设计中，与其他系统的接口设计是整个系统架构中至关重要的一环，直接影响系统的整体协同工作和信息交流。为了确保各系统之间的无缝集成和协同运行，需要遵循一系列接口设计原则。

首先，一致性是接口设计的重要原则之一。在设计接口时，应该保持一致的命名规范、数据格式和通信协议，使不同系统之间的接口具有相似的结构和行为。这有助于降低学习成本，提高系统整体的可维护性，同时减少由不一致性导致的错误。

其次，可扩展性是考虑系统未来发展的关键因素。设计灵活的接口能够方便地支持新的功能和业务流程的添加。采用标准的数据交换格式和协议可以使接口更易于扩展和修改，以适应系统不断变化的需求。

再次，安全性也是接口设计中一个不可忽视的方面。合适的身份验证和授权机制可确保只有经过授权的系统或用户能够访问接口。同时，在数据传输过程中采用加密等手段，保障敏感信息的安全性。

最后，接口设计应该考虑容错性和稳定性。在设计接口时，设计者需要考虑可能出现的异常情况，并制定相应的错误处理机制。合理的错误码和错误信息能够帮助系统更好地处理异常情况，提高系统的稳定性。

另外，清晰的接口文档是确保接口设计成功的重要保障。详细的接口文档，其中包括接口的用途、参数说明、返回值格式等信息，能够为接口的使用者提供清晰的指导，降低接口被误用和被误解的可能。此外，及时更新文档，确保文档与实际接口保持一致，有助于提高开发人员的效率和降低沟通成本。

2. 数据交换格式与协议选择

在智慧乡村旅游系统的设计中，选择合适的数据交换格式和协议是确保系统间通信高效、灵活的关键。采用标准的数据交换格式和协议有助于实现系统的松耦合，提高互操作性，并降低系统集成的复杂性。

首先，JSON（JavaScript Object Notation）作为一种轻量级、易于阅读和编写的数据交换格式，被广泛应用于跨平台数据传输。其简洁的结构和容易解析的特点使系统之间能够更加直观地共享数据。JSON 的广泛支持也使各种编程语言能够轻松解析和生成 JSON 格式的数据，提高了系统间数据交流的灵活性。

其次，RESTful API（Representational State Transfer）是一种基于 HTTP 协议的设计风格，常被用于构建 Web 服务。RESTful API 通过统一的资源标识符（URI）和标准的 HTTP 方法（GET、POST、PUT、DELETE 等）来实现系统之间的通信。这种无状态、可扩展的设计使 RESTful API 适用于不同系统之间的松耦合通信，同时提供了标准化的接口规范，降低了集成难度。

通过选择这些标准的数据交换格式和协议，系统能够更好地实现松耦合，即系统之间的关联性较低，修改一个系统不会对其他系统产生过多的影响。这种松耦合性有助于保障系统的可维护性和可扩展性，提高了整个系统的灵活性。

最后，合理选择协议能够提高系统的互操作性。不同的协议适用于不同的场景，如 HTTP、WebSocket 等。根据系统的实际需求选择合适的协议可以确保系统能够高效地通信，并在不同平台上实现无缝集成。考虑到实时性需求，WebSocket 等协议也可以用于支持实时数据传输，提高系统的响应速度。

3. 异常处理与容错设计

在智慧乡村旅游系统的接口设计中，异常处理与容错设计是确保系统在面对各种不可预测情况时能够稳定运行的重要方面。合理的异常处理机制和容错设计能够使系统有效地应对网络故障、数据传输错误等异常情况。

首先，对异常情况的考虑应该贯穿整个接口设计过程。在设计接口时，设计者需要充分考虑可能发生的异常情况，如网络超时、服务不可用、用户权限不足等。通过定义明确的错误码和错误信息，系统使用者可获得清晰的异常提示，有助于其更好地理解和解决问题。

其次，实施有效的异常处理机制是确保系统稳定的关键。在接口的实现中，需要使用 try-catch 等异常处理语句捕获可能出现的异常，并采取相应的处理措施。合理的异常处理应包括错误信息的记录、用户友好的提示以及可能的自动恢复措施等。这有助于防止异常情况蔓延到整个系统，提高系统的容错性。

再次，容错设计是异常处理的延伸，旨在确保系统在面对异常情况时能够继续运行而不会完全崩溃。引入冗余系统、备份机制、负载均衡等容错手段可以减少系统因单一点故障造成的影响。例如，采用多个服务器节点提供相同的服务，即使一个节点出现故障，其他节点仍然可以继续提供服务，这样可确保系统的稳定性和可用性。

最后，有效的日志记录是异常处理与容错设计中不可或缺的一环。记录详细的日志信息，其中包括异常发生的时间、地点、具体原因等，有助于系统管理员获得必要的信息，以迅速定位和解决问题。同时，通过对日志信息的分析，系统管理员还可以及时发现潜在的问题，提高系统的自愈能力。

二、系统架构设计要点

（一）微服务架构

1. 服务拆分与自治性

在微服务架构中，系统被拆分为多个小型服务，每个服务负责一个特定的业务功能。这种拆分使每个服务具有自治性，即能够独立开发、部署和扩展。这有助于团队独立工作，提高开发速度和系统的灵活性。

2. 弹性与容错设计

微服务架构通过服务之间的解耦合容错设计提高了系统的弹性。每个微服务可以独立扩展和升级，故障不会影响整个系统。而断路器、自动伸缩等机制可以确保系统在异常情况下仍能提供基本服务。

3. API 网关

引入 API 网关统一管理和暴露服务的接口，简化前端调用。API 网关具有鉴权、限流、日志等公共功能，可提高系统的可维护性和安全性。

4. 事件驱动架构

事件驱动架构通过消息队列等机制实现微服务之间的异步通信。这种方式能够提高系统的解耦性，使服务更加灵活地相互协作。

（二）容器化技术

1. Docker 镜像管理

使用 Docker 将应用及其依赖打包成容器镜像，实现跨平台部署。镜像管理工具可以有效地管理、分享和版本控制容器镜像，确保环境一致性。

2. 容器编排工具

引入容器编排工具，如 Kubernetes，实现容器的自动化部署、伸缩和管理。这样的工具提供了高度可靠的服务编排机制，简化了复杂系统的运维任务。

3. 微服务与容器的关联

微服务与容器相结合使每个微服务都能够在独立的容器中运行。这种关联性提高了系统的灵活性，使微服务可以更加轻松地进行水平扩展和管理。

4. 虚拟化与资源隔离

容器化技术通过虚拟化实现资源隔离，确保不同服务之间互不干扰。这有助于提高系统的稳定性和安全性，防止由于资源争夺而导致的性能问题。

（三）RESTful API 设计

1. 资源的统一标识

RESTful API 设计要求每个资源都有唯一的标识符（URI），并使访问者通过 URI 进行访问。这种统一标识性使系统更易于理解和使用，同时为未来的扩展提供了方便。

2. HTTP 方法的合理使用

RESTful API 使用 HTTP 方法（GET、POST、PUT、DELETE 等）来执行不同的操作。合理使用这些方法，例如，使用 GET 进行资源查询，使用 POST 进行资源创建，有助于定义清晰的接口规范，提高系统的可维护性。

3. 状态的无关性

RESTful 架构强调状态的无关性，即每次请求都包含足够的信息以完成操作，不依赖于之前的状态。这有助于系统更好地适应分布式环境和实现松耦合。

4. HATEOAS（Hypermedia as the Engine of Application State）原则

采用 HATEOAS 原则，通过在 API 响应中提供相关资源的链接，使客户端能够动态地探索和理解系统。这提高了系统的可发现性和适应性。

（四）分布式存储

1. 数据分片与分布式数据库

采用数据分片策略，将大量数据分散存储在不同节点上，通过分布式数据库实现高效的数据存储和检索。这有助于提高系统的可扩展性。

2. 数据一致性与分布式事务

确保分布式存储系统具有良好的数据一致性，通过分布式事务机制处理跨多个服务的原子性操作。这有助于避免数据不一致和脏数据的问题。

3. 数据备份与恢复

实施分布式数据备份策略，保障系统在发生故障时能够及时恢复。备份与恢复机制有助于提高系统的可用性和容错性。

4. 缓存机制

采用分布式缓存，加速数据的读取和降低数据库负载。合理使用缓存机制有助于提高系统的响应速度。

（五）安全性设计

1. 用户身份验证与授权

采用多层次的用户身份验证机制，包括密码验证、多因素认证等，确保只有合法用户能够访问系统。同时，实施精细的授权机制，确保用户只能访问其具有权限的资源。

2. 数据加密与传输安全

通过使用加密算法对数据进行加密，保障数据在传输过程中的安全性。采用 HTTPS 协议，确保数据在网络传输过程中不容易被窃取或篡改。

3. 安全审计与日志记录

建立安全审计机制，记录用户和系统的操作日志，以便及时发现异常行为和安全威胁。通过日志分析和监控可以追踪潜在的安全问题，并采取相应的措施。

4. 恶意攻击防护

引入防火墙、入侵监测系统等安全设备，对系统进行实时监测和防护，及时发现和阻止恶意攻击。定期进行安全漏洞扫描和渗透测试，修复潜在的安全漏洞。

第三节　移动应用的设计与开发

移动应用在智慧乡村旅游系统中起到联结用户和系统的桥梁作用。设计时要考虑以下方面：

一、用户体验优化

（一）界面设计的简洁与直观

在移动应用设计中，界面的简洁与直观直接关系到用户体验的质量和应用的可用性。简洁直观的用户界面设计能够极大地提高用户对应用的接受度和满意度。在设计移动应用的用户界面时，需要注意以下方面。

首先，清晰的布局是简洁直观设计的基础。通过合理的布局将不同的功能和信息有机地结合，使用户能够迅速理解应用的结构和导航。适当的分组和层次结构能够降低用户在使用过程中的认知负担，提高操作的直观性。避免过多的层级和复杂的结构，使用户能够轻松地找到他们需要的功能，减少用户迷失在界面中的可能性。

其次，易于理解的图标和色彩搭配是简洁直观设计的重要组成部分。图标应当简单明了，符合用户的直观认知，避免使用过于抽象或难以理解的图形。合理运用色彩，使其在整体界面中起到引导和区分的作用，同时避免使用过于刺眼或混乱的颜色，以保持用户界面的整体和谐感。

最后，避免过多的信息和复杂的操作也是简洁直观设计的核心原则。在用户界面中只展示用户所需的核心信息，避免信息过载。同时，简化操作流程，减少点击次数，提高用户的操作效率。通过减少不必要的步骤和信息，使用户在应用中能够更加流畅地实现预期目标。

另外，简洁直观的设计还需要不断地进行用户测试。通过用户体验测试、焦点小组讨论等方式，收集用户对界面的直观感受和意见反馈，不断优化设计。这有助于发现用户在实际使用中可能遇到的问题，进一步提高界面的简洁性和直观性。

（二）导航与操作的便捷性

在移动应用设计中，导航与操作的便捷性是确保用户能够高效、直观地使用应用的重要方面。为了提升用户体验，必须优化导航结构和提供便捷的操作方式，使用户能够轻松浏览各个功能区域。

首先，导航结构的优化至关重要。合理的导航结构应当反映应用的层次关系和功能模块，使用户能够清晰地理解整个应用的组织结构。采用直观的图形符号和标签，降低用户在使用过程中的认知负担。避免使用层级过深或者过于复杂的导航结构，以降低用户在应用中迷失的可能性。

其次，为了提高用户的操作体验，应当采用简单易记的图标和标签。图标应当具有明确的语义，使用户能够迅速理解其代表的功能。标签应当简洁明了，避免使用过于晦涩或专业的术语，以确保用户对导航元素的理解和记忆更容易。通过对图标和标签的巧妙搭配，可以形成直观的导航体系，提高用户的操作效率。

最后，为了进一步增强用户的操作体验，可以引入快捷操作的方式，如手势控制和快捷菜单。手势控制允许用户通过简单的手指滑动或点击来执行特定的操作，提高了操作的直观性和便捷性。快捷菜单则可以为用户提供一键式访问常用功能的途径，节省用户的操作时间。这设计有助于减少用户在烦琐操作中的疲劳感，提升用户整体体验。

另外，在实际设计中可以考虑采用自适应导航方式，根据用户的使用习惯和频率，动态调整导航栏的显示内容，使其更符合用户需求。通过收集用户的操作数据并进行智能化分析，可以实现个性化的导航定制，为用户提供更精准和便捷的导航体验。

（三）用户反馈与引导

用户反馈与引导在移动应用设计中起着关键的作用，直接影响用户体验的质量和用户对应用的满意度。为了提升用户的操作效率和使用体验，引入有效的用户反馈机制以及必要的引导措施是至关重要的。

首先，用户反馈数据的收集和分析是持续优化应用的关键步骤。通过收集用户的操作数据、反馈信息以及应用的使用情况，可以深入了解用户的需求和痛点。这些数据可用于用户行为分析，发现用户在使用中遇到的问题，并及时做出优化和改进。通过用户反馈数据的不断积累，设计团队能够更准确地把握用户的需求，获得应用升级的有力支持。

其次，为了帮助用户更好地了解应用的功能和使用方式，提供引导是非常必要的。在初次使用应用时，用户可能对应用的界面和功能不太熟悉。通过简单明了的引导向用户展示应用的核心功能，可以帮助用户快速上手。引导内容可以包括应用的基本操作、主要功能入口、常用手势等，以便用户更加深入地了解应用的使用方式。

最后，在引导方面，设计者可以考虑使用交互式教程、用户提示和帮助文档等手段，根据用户的实际操作情况提供相应的引导信息。这有助于用户更加深入地了解应用的高级功能，提高用户的使用黏性。

（四）个性化定制与用户参与

在移动应用设计中，引入个性化定制功能并鼓励用户参与是一种重要的策略，可以极大地提升用户体验，增强用户黏性和提高用户满意度。个性化定制能够满足用户多样化需求，而用户参与的方式可以使应用更贴近用户的个人偏好。

首先，个性化定制功能可以包括应用界面的调整和功能设置的个性化配置。用户可以自定义应用的颜色主题、字体大小、图标样式等界面元素，使用户能够根据个人审美喜好定制属于自己的独特风格。此外，用户还可以根据自身需求调整应用的功能设置，如通知偏好、默认显示内容等，以实现个性化的使用体验。

其次，通过用户参与的方式，设计者可以收集用户的反馈和建议，从而更好地了解用户的需求。设计者可以设置用户反馈通道，鼓励用户分享他们的体验和意见。这些用户参与的反馈数据能够为设计团队提供宝贵的信息，帮助他们深入了解用户需求，并进行相应的产品优化。

为了提高用户参与度，设计者可以设计用户调查问卷、举办用户体验工作坊等，积极收集用户需求和期望。通过深入了解用户的使用场景和行为，设计团队能够更精准地满足用户的个性化需求。同时，及时回应用户的反馈，以增强用户对应用的参与感和信任感，促使用户更积极地参与到应用的个性化定制中。

最后，个性化定制功能还可以通过智能化技术实现，其根据用户的历史行为和偏好，自动推荐个性化的内容和功能设置。通过使用机器学习等技术手段，应用可以逐渐学习和理解用户的使用习惯，为用户提供更加个性化和智能化的服务。

二、多平台兼容性

（一）跨平台开发框架选择

在移动应用的设计与开发中，跨平台开发框架的选择是一项重要决策，直接影响开发的效率和成本。例如 React Native 和 Flutter 等跨平台开发框架因其独特的特性成为开发者们广泛考虑的选择。这种选择的背后蕴含着对多平台覆盖、开发效率提升和维护难度降低等多方面因素的权衡。

首先，选择跨平台开发框架的主要原因是其支持一套代码在多个平台上运行。React Native 和 Flutter 等框架允许开发者使用相同的代码库来构建同时支持 iOS 和 Android 平台的应用。这种跨平台的特性使开发团队能够更高效地完成应用的开发，无须为不同平台编写独立的代码，从而降低开发的时间成本。

其次，跨平台开发框架的应用覆盖范围更广。由于一套代码可适用于多个平台，开发者能够更广泛地覆盖用户基础，无论是 iOS 用户还是 Android 用户，都能享受到相似的应用体验。这有助于提高应用的推广效果，降低因平台差异导致的用户体验不一致性问题。

最后，选择跨平台开发框架有助于降低开发和维护的成本。由于使用统一的代码库，开发团队无须维护两套平台独立的代码，减少了代码的冗余，降低了维护的复杂度。这对于长期的应用维护和更新来说，能够显著减少开发团队的工作量和时间成本。

然而，需要注意的是跨平台开发框架也存在一些潜在的挑战，如性能差异、对平台特性的支持程度等。在选择框架时，开发团队需要仔细评估应用的性能需求和对平台特性的依赖，以确保选择的框架能够满足应用的具体需求。

（二）响应式设计

在移动应用设计中，采用响应式设计是确保应用在不同设备上为用户提供良好体验的重要策略。响应式设计的核心理念在于通过灵活的布局和适应性的设计，使应用能够适配不同的屏幕尺寸和分辨率，从而提高应用的可用性和可访问性。

首先，弹性布局是响应式设计的基石。通过使用相对单位如百分比而非固定单位如像素进行布局，应用的界面能够根据不同设备的屏幕尺寸进行弹性调整。这种弹性布局的特性使应用能够自适应各种屏幕的宽度和高度，确保应用在不同设备上呈现出一致而友好的用户界面。

其次，流式设计是响应式设计的另一要点。采用流式布局可以使应用的元素在不同屏幕尺寸下能够灵活、自动地调整排列方式。这种设计方式使用户无论使用大屏幕的桌面设备还是小屏幕的移动设备，都能够获得一致的信息展示和交互体验。流式设计的灵活性为用户提供了更为舒适和自然的应用界面。

最后，在响应式设计中，媒体查询也是一种重要的技术手段。媒体查询能够根据设备的特性，如屏幕宽度、分辨率等，应用不同的样式和布局。通过合理设置媒体查询，设计团队能为不同设备提供定制化的样式，以确保应用在各种设备上都呈现出最佳的使用效果。

响应式设计不仅关注屏幕的大小，还会考虑用户的操作方式和设备的特性。例如，在移动设备上，用户更常使用触摸操作，因此应用需要相应地优化交互元素的大小和间距，以适应触摸操作的特点。

响应式设计的目标是提高应用的可用性和可访问性。确保应用在各种设备上能够提供一致且良好的用户体验，不仅可以吸引更广泛的用户群体，还可以降低用户学习成本和提升用户满意度。这一设计理念在实践中得到了广泛应用，同时也为移动应用设计领域提供了有益的学术研究和实践经验。

（三）硬件兼容性考虑

在移动应用设计中，考虑硬件兼容性是确保应用在不同设备上能够充分发挥其功能优势，为用户提供更丰富体验的重要方面。通过针对不同设备的硬件特性，如摄像头、传感器等，进行合理的兼容性设计，能够最大限度地发挥设备的潜力，提升应用的功能性和用户体验。

首先，充分利用摄像头等硬件设备，实现更丰富的功能。例如，通过利用摄像头实现扫码功能，用户可以方便、快捷地进行二维码扫描，实现信息的快速获取和交互。此外，利用摄像头还可以实现增强现实（AR）功能，为用户提供沉浸式体验，拓展应用的功能边界。

其次，利用具备定位传感器的设备，如GPS，可以实现定位服务，为用户提供个性化的位置信息。通过获取用户的地理位置数据，应用可以根据用户所处的位置提供相关的服务和信息，例如定制本地化的推送通知、展示附近的商家或景点等。这种个性化的定位服务有助于提高用户对应用的依赖性和满意度。

最后，除了摄像头和传感器，还可以考虑其他硬件设备的兼容性设计。例如，兼容不同类型的屏幕分辨率和尺寸，确保应用在不同设备上都能够呈现出清晰、适配的界面。考虑设备的存储容量，优化应用的资源管理，避免应用占用过多的存储空间，提高应用的性能。

在硬件兼容性设计中，设计者需要综合考虑不同设备的硬件特性和用户的使用场景，以确保应用能够在各种条件下稳定运行。合理的硬件兼容性设计不仅可以提高应用的可用性和可访问性，还能够增强用户黏性，使用户更愿意在不同设备上长期使用应用。

（四）不同操作系统的特性利用

在移动应用设计与开发中，充分利用不同操作系统的特性是确保应用在各个平台上实现最佳性能和用户体验的重要战略。针对 iOS 和 Android 两大主流操作系统，灵活运用相关技术和设计规范，最大限度地发挥各个平台的优势。

首先，对于 iOS 平台，设计团队应充分利用苹果公司提供的开发工具和设计规范。采用 Swift 等最新的编程语言，充分发挥其性能优势和先进的特性，以确保应用在 iOS 设备上具有流畅的运行体验。同时，遵循 iOS 的人机交互设计规范，采用统一的界面元素和设计语言，保持应用与 iOS 系统的一致性，提高用户的熟悉感和舒适度。

其次，对于 Android 平台，应采用 Java 或 Kotlin 等适用于 Android 的编程语言，充分利用 Android Studio 等开发工具。在设计方面，遵循 Material Design 设计规范，采用卡片式布局、鲜艳的颜色和直观的图标等元素，使应用在 Android 设备上呈现出符合 Android 用户习惯的外观。此外，对于 Android 设备的多样性，需要考虑适配不同屏幕尺寸和分辨率，确保应用在各类 Android 设备上都能够良好展示。

最后，在利用操作系统特性的过程中，设计者还需关注平台独有的功能。例如，在 iOS 上可以充分利用苹果的生态系统，整合苹果支付、Face ID 等先进功能，提供更便捷和安全的服务。而在 Android 上，则可以充分利用开放性更强的系统，实现更灵活的定制和集成，如深度集成第三方应用等。

三、实时更新与推送

（一）实时数据同步与更新

采用实时数据同步机制，确保应用中的信息随时保持最新状态。通过轮询、长连接等方式，及时更新后台数据，为用户提供实时、准确的信息。

（二）个性化推送技术

运用个性化推送技术，基于用户的历史行为、兴趣偏好等因素，向用户推送相关的消息和推荐内容。这样的个性化推送能够提高用户参与度和留存率。

（三）通知管理与用户权限

设计完善的通知管理系统，允许用户自定义通知偏好和频率。同时，合理利用移动平台的通知权限机制，确保用户能够方便地接收重要的系统通知。

（四）节能与性能平衡

在推送过程中，平衡实时性与设备电量消耗。采用合理的推送策略，减少对设备电量的过度消耗，以提升用户体验和延长设备续航时间。

四、离线功能

（一）本地缓存与离线访问

设计本地缓存机制，将常用数据缓存在本地设备上，以提高应用在离线状态下的访问速度。同时，考虑提供离线访问功能，使用户在无网络环境中依然能够使用应用的基本功能。

（二）数据同步与冲突解决

在离线状态下，用户可能对本地数据进行修改。因此，实现数据同步需要解决离线操作和在线操作的冲突，保障数据的一致性。

（三）离线存储策略

选择合适的离线存储策略，包括本地数据库、文件缓存等方式。优化数据存储结构，以最大限度地减小离线数据的占用空间，提高应用的性能。

（四）离线状态用户提示

在离线状态下，及时向用户提供友好的提示，说明当前功能需要网络支持。通过清晰的提示信息，帮助用户理解应用的离线状态，减少用户困扰。

第四节　云计算技术在智慧乡村旅游系统中的作用

云计算技术为智慧乡村旅游系统提供了灵活的计算和存储资源。在云计算中，其关键要点包括以下方面。

一、弹性计算

在智慧乡村旅游系统中，云计算的弹性计算是一项重要技术，它为系统提供了灵活的计算资源，能够根据系统需求动态调整计算能力，从而提高系统的灵活性和效率。弹性计算的核心思想是根据系统的负载情况自动调整计算资源，使系统在高峰期能够获得更多的计算能力，而在低峰期释放多余的资源，以降低成本。

（一）动态负载均衡

动态负载均衡是在实现弹性计算背景下的一项重要技术，它在云计算环境中起着重要作用。通过使用负载均衡器，系统能够根据实时的访问情况将请求智能地分发到不同的计算节点，从而确保每个节点的负载均衡，提高系统整体的响应速度。

在弹性计算的框架下，动态负载均衡的工作原理是通过监控系统的负载情况和各个计算节点的性能状况实时地调整请求的分发策略。云计算平台提供的负载均衡服务具备智能调度的特性，能够根据系统负载的实际情况动态调整计算节点的分配情况，以最大限度地提高系统的资源利用率。

在负载均衡过程中，负载均衡器不仅考虑到了计算节点的当前负载情况，还综合考虑了节点的性能指标、响应时间、处理能力等因素。通过综合考量，系统可以更加智能地将请求分配到最合适的计算节点，使整个系统的负载得到均衡的分布。

动态负载均衡的优势在于其能适应系统负载的动态变化。在系统面临高峰期时，负载均衡器可以自动地将请求分发到更多计算节点，以应对激增的用户访问量，从而确保系统在高负载情况下依然能够提供稳定的服务。而在低峰期，负载均衡器则可以动态减少计算节点的分配，避免资源浪费，提高系统的运行效率。

云计算平台的负载均衡服务通常还支持多种调度算法，如轮询、加权轮询、最小连接数等，以满足不同场景的需求。这些算法能够根据业务特点和系统架构进行灵活配置，提供更精细的负载均衡控制。

（二）自动伸缩

自动伸缩作为弹性计算的重要特性，为系统在云计算环境中实现动态调整计算资源的功能提供了有力支持。通过设置伸缩策略，系统可以根据预定的条件和阈值，自动地增加或减少计算节点的数量，以应对系统负载的动态变化。这一自动化的伸缩机制极大地提高了系统的灵活性和资源利用率。

在自动伸缩的框架下，系统能够根据实时监测的负载情况，自动地进行节点数量的调整。例如，当系统负载超过设定的阈值时，自动伸缩系统会触发增加计算节点的操作，以满足高负载时的计算需求。这种策略的制定通常基于系统的性能指标、响应时间、当前负载等多个因素的考量，以保证伸缩的决策是基于全面的数据分析而作出的。

自动伸缩的机制不仅限于增加节点，还包括在负载下降时的自动减少节点的操作。当系统负载降至设定的阈值以下时，自动伸缩系统会触发减少计算节点的操作，以避免资源浪费，提高系统的成本效益。这种伸缩策略能够在系统的运行周期内保持相对稳定的性能水平，同时能够避免在低负载时过度消耗资源。

自动伸缩的实现通常依赖于云计算平台提供的伸缩服务。这些服务通过监测计算节点的负载、性能状况和系统的整体运行情况，能够在系统管理员设置的规则下智能地做出伸缩决策。这些规则可以基于时间、负载曲线、用户需求等多种因素，从而实现对系统的精细化调控。

自动伸缩的应用不仅提高了系统的弹性和响应能力，同时降低了系统管理的复杂性。通过自动伸缩，系统能够更加适应不同工作负载下的需求，从而提高资源利用率，降低运营成本。

二、存储服务

在智慧乡村旅游系统中，云计算的存储服务发挥着重要作用。通过云存储服务，系统能够实现大规模数据的安全存储和高效检索，确保系统能够处理各类旅游数据，包括用户信息、地理信息、景点数据等。

（一）分布式文件存储

云计算平台提供的分布式文件存储服务为系统提供了一种高效且可靠的数据存储方式。这种存储方式的特点在于其分布式的架构，其能够存储大规模的数据，并实现数据的高可用性和容错性。分布式文件存储在云计算环境中起着重要的作用，保障了系统在面对大规模数据的存储和管理需求时能够有效地应对各种挑战。

分布式文件存储的基本原理是将文件划分成多个块，并在不同的存储节点上进行分布式存储。这种方式可以有效地提高系统的整体性能，同时具备良好的可扩展性。当系统需要存储大量数据时，分布式文件存储可以通过添加更多存储节点来实现水平扩展，确保系统能够处理不断增长的数据量。

高可用性是分布式储存的一大优势。由于数据被分布存储在多个节点上，系统能够在某个节点发生故障时仍然保持正常运行。分布式文件存储使用冗余备份和数据复制的策略，当某个节点发生故障时，系统可以自动切换到备份节点，从而确保数据的可用性。这种冗余机制有效地防止了因节点故障导致的数据丢失问题，提高了系统的稳定性。

高容错性是分布式文件存储的另一大特点。通过将数据分散存储在多个节点上，即使其中的某个节点发生故障，系统仍能继续运行，不会因为单点故障而导致整个系统的崩溃。容错性的设计是通过冗余备份和错误检测与纠正等技术手段来实现的，从而确保系统在面对硬件故障或其他异常情况时能够保持数据的完整性和可靠性。

分布式文件存储的应用范围非常广泛，特别适用于有大规模数据存储和处理的场景，例如在云计算平台存储用户上传的大型文件、多媒体数据等。此外，它也常用于支持分布式计算任务，各个计算节点可以共享存储，提高数据的访问速度和系统的整体性能。

（二）对象存储

对象存储是云计算环境中广泛应用的一种存储方式，特别适用于存储大量的非结构化数据，如图片、音频、视频等。通过对象存储服务，系统能够高效地管理和检索这些数据，同时保证数据的可靠性和可用性。对象存储的设计理念和实际应用为云计算平台提供了强大的数据存储解决方案。

在对象存储中，数据被视为对象（Object），每个对象都有一个唯一的标识符，通常由对象的存储路径和文件名等信息生成。这种方式使对象存储更灵活，能够有效地存储和组织海量的非结构化数据。与传统的文件系统相比，对象存储更适用于大规模数据存储和分布式存储环境。对象存储还支持多种访问方式，如HTTP、HTTPS等协议，使数据能够通过标准化的接口被访问，方便了系统的集成和开发。

可伸缩性是对象存储的一个显著优势。对象存储采用分布式架构，可以轻松地扩展存储容量，适应不断增长的数据规模。这种可扩展性使对象存储能够应对日益增加的数据存储需求，同时确保系统的性能和稳定性。

数据的可靠性是对象存储的另一个重要特点。对象存储系统通常采用数据冗余和错误检测与纠正等技术手段，确保在存储节点发生故障时系统仍然能够提供相关数据。这种冗余机制有效地防止了因节点故障而导致的数据丢失问题，保障了系统的稳定性。

对象存储的应用场景非常广泛，特别适用于云计算平台中需要大规模、高性能、高可用性的存储场景。例如，在云存储服务中，用户可以通过对象存储和管理海量的多媒体数据；在分布式应用中，对象存储也为多个节点之间的数据共享提供了高效的解决方案。

三、云安全

云安全是智慧乡村旅游系统中不可忽视的重要方面。采用云平台提供的安全服务，包括身份认证、访问控制等，可以有效地保障系统在云环境中的安全，防范各类安全威胁。

（一）身份认证和访问控制

云计算平台提供了完善的身份认证和访问控制机制，系统可以通过这些机制对用户进行身份验证，限制用户对系统资源的访问权限。采用多层次的身份认证和访问控制策略，可以有效地防止未经授权的访问，确保系统的安全性。

（二）数据加密

在云计算环境中，对敏感数据的保护尤为重要。通过云平台提供的数据加密服务，系统可以对存储在云中的数据进行加密处理，确保数据在传输和存储过程中不受未授权访问。这种数据加密的机制有效地提升了系统的数据安全性。

（三）安全审计和监控

云计算平台提供的安全审计和监控服务可以记录系统的各类操作和事件，实时监测系统的运行状态。通过对系统进行持续的审计和监控，可以及时发现潜在的安全风险，并采取相应的措施进行处理，提高系统的安全防护能力。

第四章

“乡村振兴”视阈下乡村旅游资源及其内容展示

第一节　文化遗产与自然资源

一、保护与开发乡村文化遗产

（一）文化遗产的保护与传承

1. 建立乡村文化遗产保护机制

乡村文化遗产的保护是乡村振兴和可持续发展的重要组成部分。为了确保乡村文化遗产得到有效保护，必须建立完善的保护机制。这一机制不仅需要依托相关法规和政策，还需要建立专门的机构来协调和推动文化遗产的登记、评估和保护工作。

在法律层面，应当建立明确的法规，以规范乡村文化遗产的保护措施。这些法规应包括文化遗产的定义、登记程序、评估标准以及相应的法律责任和惩罚机制。法规应明确文化遗产的所有权、使用权和处置权，为其保护提供法律保障。

除了法规，政策也至关重要。研究相关政策可以了解政府在文化遗产保护方面的倡导和支持力度，推动乡村文化遗产的可持续发展。政策的制定和调整应当根据实际情况，充分考虑乡村文化遗产的独特性和多样性，以促进其合理利用和传承。

在机构建设方面，应成立专门的乡村文化遗产保护机构，该机构应当负责协调、组织和推动文化遗产的相关工作。机构的设立可以涵盖国家、地方和乡村三个层面，形成多级协同的保护网络。此外，机构还应当具备专业的人才队伍，包括文化遗产保护专家、考古学家、民俗学者等，以保证保护工作的专业性和科学性。

该机构的职责包括对乡村文化遗产进行全面的调查和研究，确保准确、完整地掌握文化遗产的信息。同时，机构还应当负责组织文化遗产的评估工作，确定其价值和保护优先级。在保护工作中，机构应当制订详细的保护计划和方案，确保文化遗产的物质和非物质要素得到妥善保存。

最终，乡村文化遗产保护机制的建立可以在法律、政策等方面全面推动乡村文化遗产的保护工作。这一机制不仅有助于实现文化遗产的传承与发展，还为乡村振兴战略的实现提供了坚实的文化基础。

2. 挖掘传统技艺与知识

乡村文化遗产蕴含着丰富的传统技艺和知识体系，这些宝贵的文化遗产是乡村发展的重要资源。为了保护、传承并发扬这些传统技艺，研究应关注如何通过深入的调查与挖掘，制订培训计划，并利用现代科技手段进行有效传承。

首先，对于传统技艺的调查与挖掘是至关重要的一步。通过深入走访、采访乡村长者和手艺人，收集并记录各类传统技艺的具体内容、工艺流程、材料使用等信息。这一调查工作不仅要关注技艺的表面层面，还要深入挖掘背后的文化内涵、历史渊源，以更全面、深刻地理解传统技艺的独特之处。

其次，制订相关培训计划至关重要。可以制订面向年轻一代的培训计划，以确保传统技艺的传承。这些培训计划应当包括理论知识的传授、实际操作的演练，同时结合当地实际情况培养学员的实际操作技能。培训过程中要注重与传统手艺人的互动，让学员深入了解技艺的精髓，并通过实践不断提升自己的技能水平。

最后，通过借助数字化技术可以为传统技艺的传承注入新的元素。例如，虚拟现实技术可以创造出仿真的工作场景，让学员在虚拟环境中体验传统技艺的制作过程，从而提高学员的学习兴趣和参与度。

3. 培养文化传承人

乡村文化遗产的传承迫切需要培养一批专业的文化传承人。这一过程不仅要注重传统技艺的培训，还需要涵盖文化传承的理论课程和实践经验的传授。在培养计划的制订中，要鼓励年轻人积极参与文化传承工作，并倡导导师制度或学徒制度，以促进传统文化的代际传承。

首先，培训计划的制订应当注重对传统技艺的系统培训。这包括传统手工艺、民间艺术、传统农业技术等培训内容。培训计划应当结合实际情况，确保覆盖当地主要的传统技艺，并通过理论教学和实际操作相结合的方式培养学员对传统技艺的深刻理解和掌握。

其次，文化传承人的培养还需要加强对其文化传承理论的教育。这包括对乡村文化的历史渊源、文化内涵、传承原则等的系统介绍。理论课程包括文化人类学、传统文化学等专业课程，使文化传承人具备对传统文化的深刻理解和批判性思考的能力。

同时，实践经验的传授也是培养文化传承人的重要环节。通过组织实地考察、参与传统节庆、实际参与传统技艺的制作等方式，让学员亲身体验乡村文化的魅力，培养他们对文化传承的责任感和使命感。

在培养计划中，应当鼓励年轻人积极参与文化传承工作。通过设立奖学金、提供培训补贴、开展文化传承竞赛等方式，激发年轻人的兴趣和热情。此外，导师制度或学徒制度也是非常有效的培养模式。年轻一代与有经验的文化传承人进行对接，通过实践中的互动学习，加速年轻人在文化传承领域的成长。

（二）文化遗产的开发与利用

1. 内容挖掘与利用

（1）传统手工艺

乡村地区常常拥有丰富的传统手工艺，如织布、扎制、陶瓷、木雕等工艺，可以通过走访当地的手工艺人，了解他们的技艺和传承经验，并记录、保护和推广这些传统手工艺。

（2）乡土风俗

乡村地区有独特的乡土风俗，如传统节日、年俗等，可以深入乡村社区与当地居民互动交流，了解他们的生活习惯和传统习俗，并将相关活动纳入乡村旅游，让游客体验地道的乡村文化。

（3）地方美食

每个地方都有其独特的地方美食，可以选取当地的农产品和特色美食开展研究和推广工作。可以通过举办乡村美食节、制作美食教程等方式向游客介绍乡村地区的特色美食，使其成为游客到访乡村的一大亮点。

2. 社区参与

文化遗产的开发与利用应该充分考虑社区的参与，以确保文化遗产的保护与发展符合当地居民的需求和利益。因此，研究应着眼于建立社区合作机制，使当地居民能够积极参与到文化遗产的开发中，并分享经济效益。同时，推动乡村文化遗产的可持续发展，避免开发过度导致资源损耗，通过发展生态旅游和绿色产业的方式，实现文化遗产与环境的和谐共生。

首先，社区合作机制的建立至关重要。深入了解社区居民的文化需求和期望，制订开发计划，采取民主、透明的方式鼓励社区居民参与决策过程。建立社区合作组织或委员会，以代表社区居民的形式参与文化遗产开发的方向、内容和方式的讨论。这样的机制不仅能够增强社区居民的参与感和归属感，还能够更好地满足社区的文化需求。

其次，鼓励当地居民参与文化遗产的开发，并分享经济效益。可以通过设立社区合作社、培训当地居民从事相关产业或提供就业机会等方式，使社区居民直接参与到文化遗产的保护、传承和开发中。同时，确保开发所带来的经济效益能够回馈社区，通过合理的收入分配机制实现共享发展。

最后，要注重推动乡村文化遗产的可持续发展。在开发过程中，要制定科学的规划和管理措施，避免开发过度造成资源损耗和环境破坏。引导文化遗产的开发朝着生态旅游和绿色产业的方向发展，将文化遗产与自然环境相结合，实现和谐共生。发展生态旅游项目，保护自然环境，提高乡村文化遗产的可持续性。

3.创意设计与体验式旅游

文化遗产的开发迫切需要注重创意设计，以适应现代社会需求。通过文创产品、体验式旅游等方式，将传统文化与现代元素巧妙融合，提升其吸引力和互动性，是实现乡村旅游可持续发展的有效途径。如何通过与设计师、艺术家的合作开发具有当代艺术价值的文化产品，从而吸引更多游客参与乡村旅游，是当前亟待研究和解决的问题。

在文化遗产的开发中，创意设计成为重要因素，可以为传统文化注入新的活力。与设计师和艺术家的深度合作可以挖掘文化遗产的独特魅力，将其转化为具有时尚感和现代审美的文创产品。这些文创产品包括手工艺品、装饰品、服饰等，不仅展示了传统文化的精髓，还符合当代人的审美，从而提高乡村旅游的吸引力。

体验式旅游是一种独特的旅游模式，强调参与性和互动性。在文化遗产的开发中，可以通过设计丰富多彩的体验项目让游客深度参与其中，感受传统文化的魅力。这包括传统手工艺品的亲手制作、传统节庆活动的参与、古老传说的演绎等，通过实际参与使游客更好地理解和体验乡村文化。

二、自然资源的可持续利用

（一）自然资源的综合管理与规划

1. 土地规划

在乡村旅游可持续发展过程中，科学规划土地利用是至关重要的一环。通过进行土地资源调查、土地评价和土地规划，能够实现乡村土地的多功能利用，合理布局乡村旅游景区、休闲农业区和生态保护区，以保障乡村土地资源的可持续利用。

土地资源调查是科学规划的第一步。通过详细的土地资源调查，了解土地的自然状况、土壤质量、地形地貌等信息，可为后续的规划提供科学依据。同时，调查还需要考虑社会、经济因素，包括人口分布、农业生产结构、交通网络等，以全面了解土地资源开发的潜力和限制条件。

土地评价是规划的重要基础。通过对土地的质量、适宜性、可持续利用性等进行评价，确定不同区域的开发潜力和可行性。特别是在乡村旅游中，土地评价需要考虑土地的文化、生态和农业价值，综合评估土地的多功能性，确保规划的科学性和可持续性。

土地规划是实现乡村旅游可持续发展的重要步骤。通过合理布局乡村旅游景区、休闲农业区和生态保护区，实现土地的多功能利用。在规划中要注重生态保护，合理划定生态保护区域，保护自然生态系统，维护生态平衡。同时，规划要充分考虑乡村文化、历史遗迹等因素，使规划更符合当地的实际情况和发展需求。

案例分析可以总结出有效的土地规划实践经验。通过对成功案例和失败案例的分析，可以找到科学规划的关键因素和常见问题，为今后的土地规划提供借鉴和警示。这些经验总结对于提高土地规划的科学性、可行性和实效性具有指导意义。

2. 水资源管理与节约利用

水资源是乡村旅游不可或缺的组成部分，其合理管理对于实现乡村旅游的可持续发展至关重要。对水资源的综合调查、水质监测和水资源规划可以避免乡村旅游活动对水环境造成负面影响，保障水资源的可持续利用。此外，探讨水资源的循环利用和节约措施，以及发展雨水收集、水体修复等技术的实践案例，对于提高水资源的可持续利用水平具有深远的学术价值。

首先，对水资源的综合调查是进行水资源管理的基础。通过对乡村水资源的地理分布、水文特性、水质状况等进行详细调查，可以全面了解水资源的现状和潜在问题。这可以为后续的水资源规划提供科学依据，确保规划的有效性和可行性。

其次，水质监测是保障水环境健康的重要手段。通过建立水质监测体系，对乡村旅游区域内的水体进行定期监测，及时发现和解决水质问题。特别是在乡村旅游中，游客的增多会使生活污水和垃圾增加，对水质造成潜在压力，因此需要加强监测，保障水体的清洁和安全。

最后，水资源规划是实现水资源可持续利用的重要环节。通过制定科学合理的水资源规划，合理布局水资源利用，划定灌溉、生活用水、旅游用水等不同用途的区域，确保各项活动对水资源的合理利用。规划中要充分考虑水资源的季节性变化和气候变化对水资源的影响，提前制定应对策略，保障水资源的可持续供应。

此外，水资源的循环利用和节约措施是提高水资源利用效率的关键。通过引入先进的水处理技术，实现废水的净化再利用，提高水资源的循环利用率。同时，通过推广水资源的节约使用理念，提倡合理用水，减少浪费，创建水资源节约的社会氛围。

发展雨水收集和水体修复技术是水资源管理的创新方向。雨水收集可以通过建设雨水花园、雨水桶等设施将雨水储存起来，用于浇灌农田或景区绿化，减少对地下水的依赖。水体修复技术可以通过人工湿地、植物滤池等手段改善受到污染的水体，提高水质，为乡村旅游提供更加清洁的水环境。

3. 生态环境保护与恢复

乡村旅游的可持续发展紧密依赖于良好的生态环境。通过建立生态环境监测体系、推动植被恢复和生态修复项目，以及建立生态补偿机制，可以实现对乡村自然生态系统的保护，同时鼓励企业和社会各界参与生态环境保护，确保乡村自然资源的可持续利用。这一研究对于提高乡村旅游的环境质量、推动生态文明建设具有深远的学术价值。

首先，建立生态环境监测体系是保护生态环境的关键。通过建设科学合理的监测网络，对乡村旅游区域的空气质量、水质状况、土壤状况等进行全面监测，及时发现生态环境问题，为采取有效的保护和修复措施提供数据支持。

其次，推动植被恢复和生态修复项目是实现乡村自然生态系统保护的有效途径。引入植被恢复计划，加强植物多样性保护，提高生态系统的稳定性。同时，通过生态修复项目治理土地沙漠化、水土流失等问题，还原受损的生态功能，为乡村旅游提供更优美和健康的环境。

最后，生态补偿机制的建立是推动乡村生态环境保护的创新性举措。通过制定生态补偿政策，鼓励企业和社会各界参与生态环境保护，在贡献生态效益的同时获得相应的经济激励。这不仅可以调动社会力量参与生态环境保护，还能够为乡村旅游的可持续发展提供经济支持。

另外，在生态环境保护与恢复的研究中，研究人员应深入探讨不同生态系统的特点和问题，结合当地实际情况提出切实可行的保护和修复方案。同时，要充分考虑人类活动对生态环境的影响，寻找人与自然和谐相处的路径。研究人员通过深入的研究，可以为乡村旅游的生态环境保护提供科学的理论指导和实践经验。

（二）推动生态旅游发展

1. 生态旅游的概念与特点

生态旅游作为一种可持续发展的旅游方式，因其独特的概念和特点在旅游业中日益受到重视。对其定义、原则和核心特征的深入研究有助于明确生态旅游与传统旅游的区别，为乡村旅游的生态化发展提供理论基础。在这一领域的学术研究中，生态旅游被定义为一种注重自然和文化资源的可持续利用，同时关注环境和社区的旅游活动。

生态旅游的定义首先强调了对自然和文化资源的尊重和保护。相较于传统旅游，生态旅游更加注重对目的地环境的尊重，倡导游客在旅游活动中积极参与、贡献社区，并通过合理的资源利用方式实现环境的可持续发展。因此，生态旅游的定义凸显了对自然和文化资源的可持续利用，以确保这些资源长期受益于旅游活动。

生态旅游的原则包括可持续性、保护性和参与性。可持续性原则要求生态旅游的开展应该符合自然环境的容量，不超过目的地的承载能力，以确保旅游活动对环境的影响是可控制的。保护性原则强调了对自然和文化资源的尊重和保护，其不仅包括对生态系统的保护，还包括对当地文化的尊重和保护。参与性原则强调了游客与目的地社区的互动，通过积极地参与、体验，增强游客对环境和社区的认同感。

生态旅游的核心特征包括环保性、文化性和体验性。环保性是生态旅游最为显著的特征之一，强调旅游活动对自然环境的影响最小，并通过环境教育等手段增强游客的环保意识。文化性是生态旅游的重要特征，强调对当地文化的尊重和保护，鼓励游客了解、体验当地文化传统。体验性是生态旅游的核心特征之一，强调游客通过参与式的活动来深度体验目的地的自然和文化之美。

2. 生态旅游景区规划与建设

生态旅游景区的规划与建设是确保旅游活动对自然环境的影响最小，提升游客体验，实现可持续发展的关键环节。通过科学规划、生态环境评估和生态景观设计，可以打造符合生态旅游理念的景区，促使自然资源的合理利用和生态系统的保护。

首先，科学规划是生态旅游景区建设的基础。规划过程中应综合考虑地理、生态、文化等多方面因素，确保景区的布局与周边环境相协调。科学规划要明确景区的发展目标、规模、功能区划，以及合理的游客流量控制措施。通过科学规划，可以最大限度地减少对自然生态系统的干扰，保护原有的生态环境。

其次，生态环境评估是确保景区建设符合可持续发展要求的重要步骤。通过对景区建设可能产生的环境影响进行评估，及时发现潜在问题并提出合理的解决方案。生态环境评估包括水土保持、植被保护、野生动植物保护等方面，避免景区建设过程中对生态系统产生负面影响。

最后，生态景观设计是生态旅游景区建设的亮点之一。通过设计自然友好型的景观，可以使游客在欣赏美景的同时能够体验到人与自然的和谐共生。景区内的建筑、道路、绿化等元素都应考虑生态可持续性，采用低影响开发技术，使景区融入自然环境，最大限度还原自然景观。并且，在景区内部设施的绿色建设方面，要倡导使用环保材料，采用可再生能源，减少能源和水资源浪费。绿色建设应贯穿景区的各个方面，包括交通系统、餐饮服务、住宿设施等，使整个景区成为一个可持续的生态系统。

另外，生态监测系统的建立是保障景区可持续发展的关键。通过建立生态监测系统，可以实时监测景区的生态环境状况，及时发现问题并采取相应措施。监测系统应包括大气、水质、土壤等多方面指标，以全面了解景区的生态状况，为保护和改进景区环境提供科学依据。

3. 社区参与共赢机制

社区参与是生态旅游成功实施的重要环节，通过建立社区参与共赢机制，可以实现社区经济发展与生态环境保护的良性循环。这一机制旨在通过社区与旅游业之间的合作，共同推动生态旅游的发展，提升社区居民的生活水平，同时保护和维护自然环境的可持续性。

建立社区合作网络是社区参与共赢机制的基础。社区合作网络应该包括地方政府、企业、非营利组织和社区居民等各方，通过共同协作，形成一个有机的合作体系。地方政府在其中扮演着组织者和协调者的角色，为社区居民提供支持和服务，促使企业遵循可持续发展原则，而非营利组织则起到监督和中介的作用。

共赢机制需要通过合理的资源分配实现社区与旅游业之间的互利共赢。这包括合理分配经济收益、自然资源的利用、文化遗产的保护等。社区居民可以通过提供本地特色的产品和服务参与旅游业，从而分享旅游业的发展红利。同时，旅游业要尊重社区的传统文化，积极参与当地社区的社会活动，实现共同繁荣。

通过案例分析可以总结出成功的社区参与经验。例如，在某生态旅游目的地，当地政府积极引导社区居民参与旅游业，通过培训提高其服务水平，同时推动当地特色产品的开发。企业则与社区建立紧密的合作关系，以当地文化为基础设计旅游产品，吸引游客，实现了经济效益和社区发展的双赢。

第二节 数字化内容制作与展示

一、数字化内容制作

（一）数字化手段在内容制作中的应用

1. 虚拟导览

虚拟导览作为数字化乡村旅游体验的关键工具，在提供游客沉浸式参观体验方面发挥着重要作用。采用的虚拟导览工具主要包括百度地图 API 等先进的地理信息技术。这些工具可以将乡村景点的地理信息数据以直观而生动的方式呈现在数字化地图上。

在实施虚拟导览的流程中，工作人员首先需要进行乡村景点的地理信息数据的收集。这一步骤包括对乡村地区的地理坐标、景点分布、地形地貌等进行详尽的调查与记录。这些数据构成了虚拟导览的基础，为后续的数字化地图呈现奠定了基础。

借助虚拟导览工具，用户可以在数字化地图上进行远程导览，仿佛置身于实际景点。这一数字技术不仅提供了简单的地图标注，还通过三维建模、实景影像等技术手段，使用户能够更全面、直观地感受乡村的自然风光、人文景观等特色。用户可以通过电脑、平板或智能手机等设备，随时随地进行虚拟导览，无须亲临现场即可深度了解乡村的各个方面。

这种虚拟导览的方式不仅为用户提供了便利，更为用户带来了全新的参观体验。用户可以自主选择导览路线，自由探索乡村的各个角落，同时可以通过与导览工具交互获取更详细的信息，如历史文化背景、当地特色等。这为游客提供了一种更深入、更全面了解乡村的方式，同时也为乡村旅游的推广与宣传提供了强有力的工具。

2. 全景摄影

全景摄影作为数字化乡村旅游体验的一项重要工具，通过先进的全景相机，如 Ricoh Theta、GoPro MAX 等，为游客提供了 360 度的视觉体验。这种技术的应用不仅使游客能够在虚拟环境中全方位感知乡村景观，也为乡村旅游的宣传和推广提供了更具吸引力的素材。

在使用全景相机进行拍摄时，摄影师会在乡村的各个景点进行全景拍摄。这些相机能够捕捉周围环境的全部景象，包括天空、地面以及周围的自然和文化元素。摄影师可以通过设备上的界面或应用程序，实时监控拍摄画面，确保每个角度都被充分记录。

拍摄结束，全景照片需要经过图像拼接技术处理。这一步骤将各个拍摄点的照片融合在一起，形成一个完整的 360 度全景图像。图像拼接技术需要考虑光照、颜色、对焦等多个因素，以确保最终生成的全景照片的高质量和真实感。

生成的全景照片可以通过在线平台或专用应用程序分享给游客。游客可以在电脑、平板或智能手机上观看这些全景照片，通过拖拽或陀螺仪的移动，实现 360 度的视角变换。这种交互式的体验使游客能够自由选择视角，深度感受乡村的美丽和独特之处。

全景摄影的应用为乡村旅游增加了一种沉浸式的观赏方式，为游客提供了更真实、生动的参观体验。通过这种数字化技术手段，乡村的自然风光、人文景观得以直观地呈现在游客眼前，为乡村旅游的推广和发展注入了新的活力。这一技术的不断创新和应用将进一步推动乡村振兴与数字化旅游的有机结合。

3. 虚拟现实（VR）

虚拟现实技术是一种通过专业的虚拟现实设备，如 Oculus Rift、HTC Vive 等，创造出仿真的三维环境，使用户能够身临其境地体验乡村风光的先进技术。该技术的应用不仅为游客提供了全新的乡村旅游体验，还为乡村振兴注入了数字化元素。

在利用虚拟现实技术时，首先需要进行乡村景点的三维模型制作。这一步骤通常由专业的数字化技术团队完成，他们会利用激光扫描、摄影测量等技术手段，对乡村的地形、建筑、植被等进行全方位的数据采集。采集的数据将被用于生成高度真实的三维模型，精细还原乡村的真实面貌。

接下来，制作的三维模型将与虚拟现实设备相结合，如头戴式显示器和手柄控制器。用户戴上相关设备，便能够沉浸式地进入虚拟乡村环境。虚拟现实设备的高分辨率显示屏、全方向追踪系统以及触觉反馈技术，使用户可以在虚拟环境中自由行走、观赏景色，并与虚拟元素进行互动。

通过虚拟现实技术，游客可以在无法亲临的情况下感受到乡村的自然美景、人文风情。这种沉浸式的体验不仅满足了游客探索未知的好奇心，还使那些无法亲自前往乡村的人产生了参与感。此外，虚拟现实还为乡村旅游的推广和宣传提供了全新的手段，吸引更多游客关注和参与。

虚拟现实技术的应用在乡村振兴和数字化旅游发展中具有重要意义。通过不断创新和完善虚拟现实体验，乡村旅游将充满互动性和趣味性，提升游客的参与度和满意度，为乡村振兴提供新的发展机遇。

4. 社交媒体

社交媒体在当今数字时代中发挥着至关重要的作用，对于乡村旅游的推广和发展产生重要影响。其中，微博和微信公众号等社交媒体平台作为信息传播的重要渠道，为乡村旅游提供了广阔的宣传空间。这些平台可以发布与乡村旅游相关的丰富内容，包括乡村美景、特色活动、文化传统等，从而吸引更多用户了解和关注乡村旅游，提升其知名度和吸引力。

在社交媒体平台发布乡村旅游内容的过程中，首要考虑的是内容的策划和创新。乡村美景、特色活动等元素可以通过结合引人入胜的文字叙述、高质量的图片和视频素材，以及吸引眼球的设计元素，形成引人注目的内容。利用巧妙的内容策略，社交媒体平台上的乡村旅游信息能够更好地吸引用户的关注，使其对乡村旅游产生浓厚的兴趣。

在社交媒体平台发布乡村旅游内容的同时，与用户互动非常重要。社交媒体平台提供了评论、点赞、分享等互动功能，通过及时回复用户的提问、鼓励用户分享自己的乡村游记，可以增强用户参与感，形成良好的互动氛围。这不仅有助于提高用户对乡村旅游的满意度，也能够促使更多用户参与到乡村旅游的推广中来。

此外，社交媒体平台还可以成为乡村旅游业者与潜在游客之间直接沟通的桥梁。在社交媒体平台发布乡村旅游线路、优惠活动、预订信息等，可以直接触达潜在游客群体，提高他们选择乡村旅游的可能性。同时，收集用户的反馈和建议，了解他们的需求和期待，可以为乡村旅游的提升和优化提供有益的参考。

社交媒体平台的运用还可以促进乡村旅游与其他产业的融合发展。通过合作推广，可以将乡村旅游与美食、手工艺品、农特产品等相结合，形成全方位的乡村体验，吸引更广泛的用户群体。这种跨界合作的方式不仅有助于提升乡村旅游的综合吸引力，也为乡村振兴注入新的经济活力。

5. 在线平台

搭建专门的乡村旅游在线平台是推动乡村旅游发展的重要举措。此平台可以集中展示乡村旅游的丰富资源和多样活动信息，为游客提供便捷的查询和选择服务。此外，通过与游客进行在线互动，平台还能够提供丰富的参与功能，包括在线问答、评论和评价等，从而增强用户体验和参与度。

乡村旅游在线平台的搭建首先需要全面收集并整合乡村旅游资源和活动信息。这包括各个乡村的自然风光、文化遗产、特色活动等。通过平台的集中展示，游客能够在一个统一的平台上获取全面而准确的乡村旅游信息，为其旅行计划提供更全面的参考。

在线平台的设计应考虑用户友好性和信息的直观呈现。通过清晰的分类和搜索功能，游客可以根据自己的兴趣和需求找到合适的乡村旅游目的地和活动。同时，与其他在线旅游平台相比，乡村旅游平台还可以突出乡村的独特性和特色，通过独特的设计和内容展示方式吸引更多游客的关注。

平台的在线互动功能是提升用户体验和参与度的重要手段。通过设置在线问答板块，游客可以提出关于乡村旅游的问题，平台及时回答解决，提高信息传递效率。评论和评价功能使游客能够分享自己的乡村旅游经历，为其他游客提供参考。这种用户生成的内容不仅增强了平台的可信度，还为潜在游客提供了更真实的乡村旅游体验预期。

在建设乡村旅游在线平台的同时，平台管理者应注重信息的更新和维护，及时更新乡村旅游资源和活动信息，确保平台内容的时效性和准确性。平台还可以通过定期举办线上活动，如乡村美食分享、摄影比赛等，促进用户的参与和互动，打造更加活跃的在线社区。

从学术角度看，乡村旅游在线平台的建设和运营涉及信息技术、旅游管理、用户体验等多个领域。相关研究可以关注平台的设计与优化、用户行为分析、信息更新与传播等方面。此外，对不同用户群体的需求和反馈进行深入研究可以为平台的持续改进提供科学依据。

（二）用户参与协作的数字化模式

1. 用户参与的数字化方式

用户参与的数字化方式是通过多种平台，如手机 App、网站等，提供用户参与的入口，从而丰富乡村旅游的数字化内容。这种参与模式旨在打破传统旅游的单向信息传递，将游客变为内容的创造者和共享者，推动乡村旅游体验的社交化和个性化发展。

可以利用手机 App、网站等数字平台为用户提供参与乡村旅游内容制作的便捷入口。这些平台通常有用户友好的界面和操作方式，使用户能够轻松上传照片、文字描述等内容，以分享他们在乡村旅游中的真实体验。通过这些数字化手段，用户不再是单纯的旅游观众，而是内容的创作者和贡献者。

用户需要下载并注册相应的手机 App 或在网站上创建账户。然后他们可以选择上传照片、文字描述或其他形式的数字内容，以展示他们在乡村旅游中的所见所闻。这些上传的内容将被整合到数字平台上，形成一个多样化、富有个性的乡村旅游内容库。

这种数字化参与的方式不仅能够为乡村旅游提供更加生动和真实的内容，还能够促进用户之间的互动和交流。用户可以浏览他人分享的内容，获取更多有关乡村的信息，甚至通过评论、点赞等方式与其他用户互动。这种社交化的数字体验不仅增强了用户之间的联系，也为乡村旅游的推广和营销提供了有力的支持。

2. 协作平台

协作平台在乡村旅游内容制作中发挥着重要作用，通过云端文档协作工具和在线会议平台等，专业团队与社区居民、游客等共同参与内容制作，实现信息共享、实时反馈，确保内容制作的多元化和全面性。

协作平台的工具主要包括云端文档协作工具和在线会议平台。这些工具为不同地理位置的参与者提供了实时协作的便利，使专业团队、社区居民和游客能够在内容制作过程中进行高效的沟通和合作。

在协作的过程中，专业团队首先建立并分享文档或在线会议链接，邀请社区居民和游客加入协作。这样的共享方式打破了地域限制，使不同背景的参与者能够在虚拟空间中共同参与乡村旅游内容的制作。通过协作平台，各方能够实时编辑文档、上传图片、提出建议，并进行在线讨论。

在信息共享方面，协作平台使专业团队能够及时分享关于乡村旅游资源、文化特色等方面的专业知识，而社区居民和游客则可以分享他们的真实体验、个人见解和独特观点。这样的多元参与不仅能够丰富内容，还能够增加制作过程中的创新性和多样性。

实时反馈是协作平台的另一大优势。参与者可以在平台上即时提出问题、表达意见，并得到其他成员的及时回应。这种快速反馈机制有助于及时调整内容制作的方向，确保最终呈现的内容更贴近用户需求和期望。

二、利用数字化手段提升乡村旅游的展示效果

（一）虚拟展示与实景融合

乡村旅游作为一种体验乡村特色文化和自然风光的旅游方式，在数字化时代迎来了新的发展机遇。为了提升乡村旅游的展示效果，虚拟展示与实景融合成为重要手段。本部分将详细探讨如何通过虚拟展示和实景融合提升乡村旅游的沉浸式体验感，以吸引更多游客。

1. 虚拟展示技术的应用

虚拟展示技术是数字化手段中的重要组成部分，其中包括全景摄影和虚拟现实（VR）技术。通过全景摄影，可将乡村自然景观、文化场景以高清晰度呈现。而通过虚拟现实技术，游客可以通过设备如 Oculus Rift、HTC Vive 等身临其境地感受乡村的美景，产生更真实的旅游体验。

2. 虚拟展示与实景融合的优势

虚拟展示与实景融合的优势在于能够提供更真实和丰富的旅游体验。通过在实景中引入虚拟导览，游客可以在实地游览的同时获取更多深层次的历史、文化解读，加深对乡村的了解。这种融合方式既能够吸引更多游客，也为乡村旅游提供了更多数字化展示的可能性。

（二）数据可视化与交互设计

除了虚拟展示与实景融合，数据可视化与交互设计也是提升乡村旅游展示效果的重要手段。通过将乡村的历史、文化、资源信息以图形化方式呈现，并设计交互性内容，可以为游客提供更丰富的信息呈现和更高水平的用户参与。

1. 数据可视化的应用

数据可视化通过图表、地图等形式呈现乡村的特色与资源，使游客更直观地了解目的地信息。通过地图展示，游客可以清晰地了解乡村的地理位置和周边景点，从而更好地规划旅游行程。同时，统计图表可以呈现乡村的历史、文化等信息，使游客有全面的了解。

2. 交互设计的意义

交互设计可以提升用户与内容的互动性，使游客积极投入到数字化展示中。

通过设计虚拟互动体验，游客可以参与到数字化内容的创作中，增强他们的参与感和体验感。此外，通过 App 等平台进行信息呈现，游客可以根据个人兴趣和需求自由选择参与互动的内容，提升其个性化体验。

三、典型案例分析

以四川省成都市崇州市五星村为例，通过数据可视化展示该地的历史、文化、资源信息，游客可以在数字化平台上获取详细的信息，为旅游做好准备。而经过设计的交互性内容，如虚拟互动体验和用户定制化信息的呈现，可以提升游客的参与度，使其更加积极地参与到乡村旅游中。

（一）五星村乡村旅游产业发展现状

1. 五星村乡村旅游产业发展优势

五星村乡村旅游产业发展的优势主要得益于政府的积极政策扶持。经过 7 年的发展，五星村成功从“重点扶贫村”蜕变为“2020 年四川省乡村旅游重点村”，这背后得益于政府的有力支持。2013 年，五星村启动了新村建设，聚焦“盘古”生态农业、“柏萃”园林产业等特色农业项目的发展，着力打造休闲农业和创意农业的新型经济形态。

政府在五星村旅游产业发展中的角色不仅仅是政策制定者，更是积极的推动者。通过因地制宜地引进优秀企业，政府带动了农业、商业和旅游业的有机结合，形成了生态发展模式。在这个过程中，天府国际慢城、桤木河湿地公园等旅游景点应运而生，为五星村注入了新的活力。政府还通过推进道路工程建设，创建稻香旅游环线，并开通田园旅游专线和湿地旅游专线等公交旅游专线，极大地方便了游客的出行。

五星村旅游产业的另一优势在于其得天独厚的地理位置。紧邻崇州市区，距离温江区和双流区仅 6 千米，使五星村在地理区位上占有明显优势。同时，连接成名高速公路和白塔湖旅游专线的交通网络为五星村的发展提供了便捷的交通条件。新村建设中，五星村充分利用自身的区位优势，统一规划农业产业用地，打造了“春赏油菜秋看稻”的独特大田景观。

政府的政策扶持和地理区位优势共同促进了五星村乡村旅游产业的蓬勃发展。在政府的引导下，五星村成功吸引了一大批企业入驻，涌现出一系列艺术文创、农业科研、特色餐饮项目。这不仅为五星村赋予了新的经济活力，还使其成为成都近郊备受瞩目的网红“打卡”地。随着政府的不断支持和产业的逐步完善，五星村有望继续在乡村旅游领域崭露头角，成为农商文旅融合发展的示范区。

2. 五星村乡村旅游产业发展不足

五星村乡村旅游产业在信息传播方面存在一些不足之处。实地走访和资料收集调查发现，相对于五星村拥有的丰富旅游资源，包括基础设施、旅游景点和服务质量等，其乡村旅游信息传播存在一定的问题。本文采用主观抽样的方法，在新媒体平台上选取了 2020~2021 年近千条五星村乡村旅游信息，对其传播情况进行了分析。

首先，研究发现相关账号在新媒体平台上发布的视频时长较长，而传播内容缺乏创意。通过分析今日崇州和崇州文旅局的抖音号，发现其发布的关于五星村乡村旅游信息的视频普遍较长，不符合碎片化传播的特征。这些视频采用了“演员 / 主持人 + 旅游场景”的模式，内容主要集中在旅游地点的餐饮、景色等信息，缺乏足够的创意，难以吸引受众的关注。

其次，研究发现传播内容的情感联结作用较弱，缺乏交流与互动。在今日崇州微信公众号和品质崇州微博号上，主要以图文介绍五星村旅游景点为主，缺乏与受众的互动和情感交流。点赞量、评论量、转发量较少，未能引起大量评论和转载，缺乏与受众的深度互动，导致传播效果不理想。

再次，研究发现在抖音短视频平台上，今日崇州和崇州文旅局对五星村乡村旅游信息的传播内容相对较少，多数只附上了五星村的位置信息，未对旅游信息进行有效链接，难以通过所传播的内容实现场景转化。

最后，五星村乡村旅游官方平台缺失，难以呈现五星村旅游资源的要素，不便于受众了解五星村乡村旅游资源信息。

（二）基于“5W”模式构建五星村乡村旅游场景化传播

1. 传播主体多元化，扩大五星村影响力

（1）强化主流媒体的宣传报道

为增强五星村在乡村旅游领域的知名度，崇州市融媒体中心应充分发挥官方媒体的作用，将五星村的旅游资源进行详细宣传、报道。利用特殊时间点，如菜花节等，通过崇州电视台等主流媒体发布五星村的旅游信息，同时借助新媒体平台进行广泛宣传，以扩大五星村乡村旅游的影响力。

（2）激发五星村居民的主观能动性

充分利用五星村居民的社交网络，培训适龄和有兴趣的居民，使其具备新媒体素养。居民可以通过拍摄、记录和编辑的方式，以真实的视角展示五星村的生态风貌和人文景观。这种以居民为中心的传播方式更具接地气和质朴的特点，有助于在不同网络社群内部进行二次传播和分享。

（3）与流量明星合作进行引流

充分利用基于互联网技术发展的短视频平台，与流量明星展开合作。五星村通过与流量明星合作，可以更好地利用他们在各短视频平台上积累的粉丝，将他们引流到五星村进行乡村旅游。根据合作方的特色，结合五星村的旅游资源，可以达成不同的宣传目的，提高曝光度。

2. 塑造场景，把握场景传播内容

（1）时空融合，建立情感联结

五星村拥有独特的文化资源和桤木河湿地公园的自然资源。借助田野、湿地、林盘等元素，打造独特的乡村生活体验。通过精准把握“慢生活”“天府味”“国际范”等核心理念，注重不同个人和群体的情感融入，传播五星村旅游场景的情感体验。以花田等特色景观为例，通过航拍图片、实景地图等方式，联结潜在游客，形成可视的“场”。

（2）传播五星村特有 IP 形象

在塑造五星村乡村旅游形象时，IP 形象的构建至关重要。根据当地旅游资源的定位，打造新 IP 形象，如“农耕体验出游地”、成都平原“最美秋色”等。通过对外传播和宣传，确保传播内容与 IP 形象相符，以吸引大众的关注。

3. 打造全景式体验平台，实现传播渠道多维化

（1）线上线下融合传播

利用数字技术打造全景式五星村乡村旅游体验平台，实现线上线下融合传播。建立全景式体验平台，将旅游要素和参与者联结，形成可查、可视的五星村旅游资源库，满足个体和群体的旅游信息查询需求以及个性化的旅游需求。通过航拍图片、实景地图等方式，联结潜在游客，形成可视的“场”。

（2）多维互动传播

利用互联网技术，拍摄五星村交互式全景图，并与文字介绍和旅游信息资源的链接相匹配，实现参与者沉浸式体验。利用“信息 + 体验 + 场景”的传播模式制作优质短视频，通过特定场景，以生动地描述和实地体验的方式传播旅游特色信息。在微信、QQ 等社交网络平台上，通过图文介绍和短视频等方式，引起社交圈的分享与传播。

4. 针对不同传播对象，满足其个性化信息需求

（1）细分五星村乡村旅游市场

在数字化媒体时代，受众的个性化需求日益提升。根据不同地区、不同年

龄、不同兴趣等细分标准，将潜在前往五星村旅游的居民进行市场细分。每个细分市场的受众都有不同的信息需求和旅游需求，根据其需求进行五星村旅游场景传播，满足其个性化需求。

（2）把握传播对象所处场景，寻找传播契机

通过大数据收集和调查，了解居民在不同生活环节中的需求。借助大数据分析，找到传播对象所处的生活场景，并在适当的时间点向其推送五星村的旅游信息，以最大限度地引起居民的旅游欲望。

5.将传播效果可视化

（1）利用可视化技术呈现传播效果

可视化是一种利用计算机图像处理技术将数据转换为图形或图像并在屏幕上显示的传播方式。在宣传五星村乡村旅游信息时，通过相关的可视化技术将旅游数据转化为图像、视频等形式。例如，将五星村的文字旅游导航转换成实景导航，通过直观的可视化展示让用户更容易理解和感知五星村的旅游资源，产生一种沉浸式体验。

（2）制作可视化报告展示传播效果

制作可视化报告，将五星村乡村旅游的传播效果以图表、图像等形式清晰呈现。报告包括传播内容的曝光量、用户互动数据、社交平台上的分享和评论等指标。通过可视化的形式，管理者可以直观地了解传播效果的优劣，有助于其进一步优化传播策略，提高传播效果。

（3）利用可视化工具进行数据监测和分析

借助可视化工具，对传播过程中的数据进行实时监测和分析。通过实时的数据反馈，管理者可以及时调整传播策略，应对用户反馈和市场变化。可视化工具还能深入挖掘用户行为数据，了解用户喜好和需求，为后续的传播活动提供参考。

（4）制定可视化传播目标和指标

在传播策略制定阶段，明确可视化的传播目标和指标。通过设定明确的可视化目标，如提高曝光率、增加用户互动等，以及相应的指标，可以更好地衡量传播效果。制定合理的可视化目标和指标有助于确保传播活动的有效性和可持续性。

（5）利用可视化手段提高传播效果的可解释性

通过可视化手段，将传播效果的数据呈现得更加直观和可解释。这不仅有助于内部团队更好地理解传播效果，还能向外部利益相关方传递清晰的信息。提高可解释性有助于形成更广泛的认同，促进传播活动的成功实施。

第五章

"乡村振兴"视阈下用户体验与服务设计

第一节　用户需求分析与体验设计

一、用户调研与数据分析

在乡村振兴的复杂背景下，深入了解用户需求是确保设计出优质体验的基础。为了达成这一目标，采用多种方法进行系统而全面的用户调研至关重要。这包括定量调查（附录一）、定性访谈（附录二）和用户行为分析等多种手段。

（一）定量调查

通过定量调查，设计团队可以收集大量的数字数据，从而更好地理解用户的基本特征、偏好和行为习惯。采用问卷调查、在线调查等方式，团队能够迅速获取大规模数据，为设计提供有力支持。例如，通过问卷测量用户对于乡村旅游的兴趣、偏好，以及他们的出行习惯和预算等信息。这种定量数据的分析能够揭示用户群体的整体趋势，为后续设计提供基础性指导。

（二）定性访谈

与定量调查相辅相成的是定性访谈，这是深度了解用户情感需求和体验期望的重要手段。通过与用户的面对面交流，设计团队可以深入挖掘用户的感受、期望和需求，发现隐藏在言语背后的真实感受。在乡村振兴的背景下，定性访谈可以关注用户对于乡村体验的情感认知，以及他们在乡村旅游中所期待的独特体验。这种深度了解能够为设计团队提供更丰富的用户素材，为体验设计注入更多情感元素。

（三）用户行为分析

除了用户自己表达需求和期望，用户行为分析也是一个不可或缺的环节。通过收集和分析用户在数字平台上的行为数据，设计团队可以发现用户的实际偏好和使用习惯。在乡村振兴的背景下，用户在数字平台上的搜索、浏览、预订等行为能够反映他们对于乡村旅游的实际需求。通过行为分析，设计团队可以更好地理解用户在数字化乡村旅游平台上的互动模式，从而优化用户体验。

（四）数据分析

收集的大量数据需要经过精细的分析，以揭示用户痛点和机会点。通过统计学方法和数据挖掘技术，设计团队可以深入挖掘数据背后的信息，发现用户群体的共性和个性。在乡村振兴中，数据分析可以帮助团队理解不同用户群体对乡村旅游的不同需求，为个性化服务和体验设计提供定制化建议。

二、用户体验设计

（一）用户中心设计（UCD）

1. 使用场景设计

在用户中心设计理念的指导下和深刻理解用户需求的基础上，使用场景设计成为设计团队不可或缺的手段，旨在将用户真实地置于应用环境中，以模拟和观察用户在乡村旅游平台上的实际操作流程。这个过程旨在找出潜在的问题和优化点，确保设计方案更贴近实际使用场景，从而提升用户体验。

使用场景设计通过构建具体的使用场景，让设计团队能够更全面、系统地了解用户在特定情境下的需求和行为。通过观察用户在模拟场景中的操作，设计团队可以发现一些在日常用户调研中难以察觉的问题，例如，用户在具体环境下的特定反应、偏好和挑战等。这种对用户行为的观察能够使设计团队更好地把握用户需求，指导后续的体验设计。

使用场景设计的关键在于还原真实的使用环境，以使用户在模拟中产生真实的行为和反馈。在乡村振兴的背景下，设计团队可以构建不同的场景，模拟用户在乡村旅游平台上的不同操作情境，例如，用户浏览特定乡村景点、预订农家乐服务、查看活动信息等。通过这些场景，设计团队能够更加直观地感受用户的需求，捕捉用户在实际应用环境中的真实期望。

此外，使用场景设计还可以帮助设计团队发现系统交互中的问题点，比如流程是否合理、信息是否清晰、操作是否直观等。通过观察用户在场景中的行为，设计团队能够及时发现潜在的用户体验问题，并提前进行调整和优化。这有助于保障乡村旅游平台的设计方案更符合用户的实际使用需求。

2. 反馈机制建设

在用户中心设计理念的指导下，构建有效的反馈机制是确保产品不断优化的重要步骤。这一机制包括多种形式的用户意见和用户评价收集，旨在使用户能够积极参与到产品的改进过程中。通过持续地收集和分析用户反馈，设计团队能够及时发现问题、调整设计方案，从而提升产品的用户满意度。

用户中心设计的核心理念是将用户置于设计的核心，通过深入了解用户的需求和期望，持续改进产品以满足用户的实际需求。反馈机制则是实现这一理念的有力工具之一。

用户意见收集是反馈机制中的一个重要环节。通过建立渠道，鼓励用户提出对产品的改进建议、意见和问题反馈，使设计团队能够获取用户的第一手信息。这可以通过在线调查问卷、意见箱、用户论坛等形式进行。特别是在乡村振兴的背景下，用户的反馈可能涉及对乡村旅游的期望、对平台服务的建议等内容。通过综合这些反馈，设计团队可以更全面地了解用户需求，有针对性地进行产品优化。

用户评价是反馈机制的另一重要组成部分。通过建设完善的用户评价系统，鼓励用户对乡村旅游平台的使用体验、服务质量进行评价，设计团队可以直观地了解用户的满意度和不满意度。这可以通过星级评价、文字评论等形式进行，以提供更具体的反馈信息。设计团队可以对用户评价进行定期分析，识别潜在的问题，并采取相应的改进措施。

在这个反馈机制中，关键的一点是及时响应用户的反馈。因此，需要建设一个高效的用户服务团队，以快速解决用户的问题、消除用户的疑虑。这既可以增强用户对平台的信任感，又可以提高用户参与反馈的积极性。

（二）简化设计

1. 流程简化

简化设计原则在用户体验设计中起着重要作用，其主要目标是提高用户的操作效率，减轻其认知负担。在乡村旅游平台上，简化设计的具体实践体现在流程的简化上。通过减少操作步骤和简化流程，设计团队能够使用户更迅速地完成任务，提高整体操作效率。

在乡村旅游平台的应用场景下，流程简化的实现主要集中在预订流程和导航步骤两个方面。

通过简化预订流程，设计团队可以减少用户在完成预订时所需的步骤和信息输入，从而减轻用户的认知负担。这包括提供明晰的页面布局、通过简单而直观的操作引导用户完成预订。例如，通过减少不必要的确认步骤、提供预订历史记录等方式，设计团队可以有效地简化用户在平台上的预订流程，提高用户的预订效率。

导航步骤的简化也是流程优化的重要方向。通过清晰的导航界面和直观的路径规划，用户能够更迅速地找到目标信息，实现更高效的导航体验。这包括提供明确的分类标签、智能搜索功能等设计元素，以降低用户在平台上寻找信息时的操作成本。在乡村旅游平台中，设计团队可以通过整合乡村景点、特色活动的信息，提供"一站式"导航服务，让用户更轻松地规划旅游路线。

简化设计原则不仅对用户操作友好，同时能够提高用户的满意度。通过减少复杂的操作流程，用户更容易理解和掌握平台的功能，从而更愿意在平台上进行操作。在乡村振兴的背景下，这对于促进乡村旅游的发展，提高用户对乡村旅游的体验满意度具有积极的推动作用。

2.清晰明了的界面设计

清晰明了的界面设计是简化设计原则的重要组成部分，旨在通过合理的排版和简明的图标设计，为用户提供直观、易理解的操作界面。在乡村旅游平台上，这一设计原则的应用能够极大地改善用户体验，提高用户满意度。

首先，清晰的排版是界面设计的基础。通过合理的信息组织和布局，设计团队可以确保用户在界面上能够迅速找到所需信息，减少用户在操作过程中的迷惑感。在乡村旅游平台中，通过合理分类、分组显示乡村景点、特色活动等信息，使用户能够清晰了解各项内容，更有针对性地选择符合自己需求的旅游项目。此外，采用一致的页面结构和标准化的元素设计也有助于用户快速熟悉整个平台的操作逻辑，提高使用效率。

其次，明了的图标设计是界面简化的关键。图标的巧妙运用可以在有限的空间内传达丰富的信息，减少用户对文字的依赖，提高界面的可识别性。在乡村旅游平台中，巧妙设计景点图标、服务标识等能够直观地传达信息，帮助用户更迅速地定位所需内容。

最重要的是，简化设计不仅是对操作步骤的简单化，还是对信息的精简。通过筛选关键信息，减少冗余内容的展示，设计团队能够使用户更专注地获取重要信息，从而提升用户体验质量。在乡村旅游平台中，这意味着在每个景点或活动的页面设计上应注重展示最具吸引力的特色，并通过图片、文字等方式进行展示，以引起用户的兴趣。

3. 用户引导与提示

在简化设计的框架下，用户引导与提示是确保用户能够高效使用系统功能和完成操作任务的重要环节。通过巧妙的引导设计，设计团队可以帮助用户更好地理解平台的功能和操作步骤，减轻用户的认知负担，提高用户体验效果。同时，合理运用提示信息，避免过多、冗余文字，能够使用户轻松完成任务。

首先，用户引导是确保用户在初次接触乡村旅游平台时能够快速上手的关键因素。设计团队可以通过简单而直观的引导页面，向用户展示平台的核心功能和操作路径。在乡村旅游平台中，通过引导用户点击“热门景点”“特色活动”等入口，引导用户了解平台上最受欢迎和最具特色的旅游项目，从而引起用户兴趣，提高用户使用的积极性。此外，设计引导页面时应注重用户心理和行为习惯，确保引导路径符合用户的预期和认知模式，使其更容易接受和理解。

其次，提示信息的合理运用对于提升用户体验同样至关重要。在操作的不同阶段，通过短小明了的提示信息向用户传达关键信息和指导，帮助用户正确理解和完成操作。在乡村旅游平台上，例如，在预订页面通过简短的提示信息引导用户填写必要信息或提供可使用的支付方式，能够有效减少用户的迷惑感，提高用户操作的准确性。设计团队应避免使用过多、冗余的文字，确保提示信息简练而具体，以更好地引导用户。

最重要的是，在用户引导与提示的设计中应注重反馈机制。通过实时的反馈信息，让用户了解他们的操作是否成功，从而增强用户对平台的掌控感和满意度。在乡村旅游平台上，例如，在预订完成后通过简短的提示或订单详情页面告知用户订单是否成功，并提供相关的联系方式以解决潜在问题，这样能够提高用户的信任感和满意度。

（三）一致性设计

1. 设计元素一致性

在一致性设计的理念下，一致的设计元素是确保整个用户体验过程中风格和视觉感受一致的关键要素。这包括乡村旅游平台在界面设计、色彩搭配、字体选择等方面保持一致性。通过一致的设计元素，设计团队能够提高用户的使用熟悉度，降低用户学习和适应的成本，进而提升用户体验质量。

首先，在界面设计方面，一致的设计元素能够使用户在不同页面之间建立稳定的认知模式。乡村旅游平台在不同功能板块，如“景点推荐”“活动预订”等，应保持相似的布局和结构，使用户更容易理解和使用各项功能。通过在整个平台中保持相似的导航栏、按钮样式等设计元素，用户在切换功能时不会感到迷失，从而提高整体的易用性。

其次，色彩搭配的一致性对于用户体验同样至关重要。在乡村旅游平台中，通过采用相似的色调和配色方案，使整体界面显得和谐统一。一致的色彩搭配能够传递平台的品牌形象，同时降低用户在使用过程中产生混淆或不适的可能性。例如，在乡村旅游平台上，清新自然的色调符合乡村环境的特色，而一致的色彩设计可增强用户对平台的亲和感。

最后，字体选择的一致性设计也是确保用户在整个体验过程中保持一贯感受的关键因素。在乡村旅游平台中，选择一致的字体风格和大小可使用户在阅读信息时感到舒适和流畅。一致的字体设计能够提高用户对平台文本信息的识别度，减轻用户在不同页面的认知负担，为其提供一致的阅读体验。

2. 交互逻辑一致性

在乡村旅游平台设计中，交互逻辑的一致性是确保用户体验流畅的关键因素。除了外观上的一致性，应使用户在不同页面和模块中保持相似的操作逻辑，以避免用户在使用过程中感到困惑。这需要设计团队在整个设计过程中保持紧密的协作和沟通，以确保交互逻辑的一致性贯穿于整个平台。

乡村旅游平台应确保在为用户导航和切换页面时保持一致的交互逻辑。例如，在导航栏中采用相同的图标和标签，用户在不同功能板块之间切换时能够保持相似的操作方式。一致的导航逻辑使用户轻松地理解平台结构，减少用户学习成本，提高导航效率。

相似功能的操作应采用相同的交互逻辑，以保持一致性。例如，在乡村旅游平台上，无论是预订景点还是参与农耕体验，用户在操作时应面临相似的交互逻辑，这有助于用户形成固定的认知模式，提高用户在平台上的操作熟练度，从而提升用户体验。

在设计过程中，团队成员需要充分了解平台的整体结构和各个功能模块之间的关联。通过定期的协作会议和沟通，设计团队可以共同确保交互逻辑的一致性，及时调整和优化设计方案以适应用户需求和平台发展的变化。

3. 跨平台一致性

在当前多平台时代，跨平台一致性设计成为确保用户在不同设备上获得一致体验的关键要素。这需要通过响应式设计和适配性设计等策略来实现，以确保用户在使用手机、平板、电脑等不同设备时能够获得一致的用户体验。这一设计原则对于提升品牌形象和用户满意度具有重要意义。

首先，响应式设计是实现跨平台一致性的有效手段。通过响应式设计，乡村旅游平台可以根据用户所使用的设备类型和屏幕尺寸动态调整页面布局、图标大小、文本排版等元素，以确保平台在不同设备上呈现出一致而友好的用户界面。这种设计方式能够适应各种屏幕尺寸和分辨率，提高用户在不同设备上的体验一致性。

其次，适配性设计是实现跨平台一致性的重要保障。适配性设计考虑到不同设备之间的硬件差异和用户操作习惯，通过调整交互方式和功能布局使用户在不同平台上使用时都感到熟悉和方便。例如，在手机端采用触摸屏幕的手势操作，在电脑端则支持鼠标和键盘的操作方式，以适应不同设备的用户的操作习惯。

最后，统一的品牌元素和设计风格也是实现跨平台一致性的关键因素。无论用户使用手机、平板还是电脑，品牌标识、颜色搭配、图标设计等元素应保持一致，以确保用户对品牌形象的认知是一致而清晰的。这有助于提升品牌的专业形象，增强用户对平台的信任感。

在设计过程中，团队需要全面考虑用户在不同设备上的使用习惯和体验需求，确保平台在各个使用设备上都能提供顺畅、一致且令人满意的用户体验。通过跨平台一致性设计，乡村旅游平台可以更好地适应用户多样化的使用场景，增强用户忠诚度，提升用户满意度。

（四）可访问性设计

1. 用户群体的多样性

在可访问性设计框架下，考虑到用户群体的多样性是至关重要的。为了实现产品的贴心服务，可访问性设计需要通过个性化设置、多语言支持等方式，确保不同用户群体能够享受到定制化和便捷的用户体验。另外，在乡村振兴背景下，特别需要关注老年人和残障人士的需求，以提供更全面、更贴心的服务。

首先，通过个性化设置，可访问性设计可以让用户按照自己的需求对产品进行个性化调整。这包括字体大小、颜色主题、页面布局等的设置，使用户能够根据个人偏好进行调整，提高产品的可定制性。这一功能对于老年人和残障人士尤为重要，因为他们可能对页面显示有特殊的个性化需求，通过个性化设置，产品能够更好地满足他们的个性化使用需求。

其次，多语言支持是可访问性设计中的一个重要方面。在乡村振兴中，吸引国际游客成为乡村旅游的一个重要目标，因此产品需要提供多语言支持，确保不同语言背景下的用户都能够方便地使用平台。这样一来，不仅能够拓展用户群体，还能够促进乡村旅游平台的国际化发展。

最后，针对老年人和残障人士，可访问性设计要特别关注他们在使用产品过程中可能面临的障碍。例如，在设计中加入语音导航、语音识别等功能，以满足特殊人群的特殊需求。同时，提供简化操作、一键式功能，降低认知和操作的难度，使产品更贴近这一用户群体的实际使用情境。

2.用户教育和培训

在可访问性设计的范畴内，用户教育和培训是确保用户能够充分理解和熟练使用系统的重要组成部分。通过提供详细的使用说明和操作指南，设计团队可以帮助用户更好地掌握乡村旅游平台的功能和使用方法。这对于不太熟悉数字化平台的用户具有特殊的重要性。

首先，通过编制详尽的使用说明书，设计团队能够将系统的功能、操作步骤以及各项服务详细地呈现给用户。这样的使用说明书不仅包括文字说明，还可以通过图文结合、示范视频等多媒体形式进行呈现，以更好地适应不同用户的学习方式。在乡村振兴中，这为那些缺少相关经验的用户提供了一个系统学习和理解平台的机会。

其次，操作指南是用户培训的重要资料之一。通过制定操作指南，设计团队可以系统性地指导用户如何使用平台进行乡村旅游。操作指南不仅要涵盖基础的操作流程，还应当关注用户可能遇到的问题及其解决方案。这有助于用户在使用过程中更加得心应手，提高使用效率。

最后，针对农村地区，设计团队还可以考虑采用线下培训的方式。通过组织培训班、工作坊等形式，设计团队可以亲临现场为用户进行实际演示和培训。这样的方式既可以为用户提供实时互动的机会，又可以帮助用户解决在学习过程中遇到的问题。

第二节　个性化推荐与定制服务

一、个性化推荐

（一）用户画像构建

用户画像是个性化推荐系统的基础，通过收集和分析用户行为数据、社会属性等信息，建立全面、深入的用户画像。这包括用户的基本信息、浏览历史、购买记录、社交互动等多方面数据。在构建用户画像的过程中，构建者需要运用数据挖掘和机器学习技术，对大量数据进行分析，识别用户的兴趣点、需求倾向和行为模式。

为了更全面地了解用户，用户画像的构建需要综合考虑以下几个方面。

1. 基本信息

（1）用户基本信息收集

在构建用户画像的初步阶段，首要考虑的是获取用户的基本信息。这包括年龄、性别、地理位置等重要数据。通过分析这些基本信息，平台可以初步区分用户群体，为后续的个性化推荐提供了基础数据。

（2）年龄段划分与分析

年龄是一个重要的区分因素，不同年龄段的用户往往具有不同的兴趣和需求。通过对年龄数据进行划分和分析，可以更好地了解用户的消费倾向和旅游偏好。

（3）性别差异分析

用户的性别也是构建用户画像的重要基础元素之一。通过分析性别差异，平台可以更好地了解男性和女性用户在乡村旅游方面的需求差异，为后续推荐提供差异化支持。

（4）地理位置信息的利用

用户的地理位置信息对于乡村旅游推荐至关重要。通过分析用户所在地的地理位置，平台可以提供更符合用户实际需求和偏好的乡村旅游信息。

2. 行为数据

（1）浏览记录分析

用户在平台上的浏览记录是构建用户画像的重要数据。分析用户的浏览记录可以深入了解用户的实际兴趣和关注点。

（2）搜索行为挖掘

用户的搜索行为直接反映了他们的需求和兴趣。通过挖掘用户的搜索记录，平台可以更加准确地理解用户的关注点，为推荐算法提供有力支持。

（3）点击行为与购买记录分析

用户的点击行为和购买记录是深入了解用户消费行为的重要数据。这些信息直接关系到用户的实际购买力和偏好，为个性化推荐提供了实质性依据。

3. 社交属性

（1）社交网络活跃度分析

用户在社交网络中的活跃度是构建用户画像时的重要考量。通过分析用户在社交平台上的活跃情况可以更好地理解用户的社交属性和影响力。

（2）朋友圈互动数据分析

用户在朋友圈中的互动行为也是构建用户画像时的重要参考。这些互动数据可以揭示用户的社交圈子，为平台提供更深层次的用户关系理解。

4. 反馈和评论

（1）对产品或服务反馈的收集

用户对产品或服务的反馈是构建用户画像的重要信息源。这些直接的用户意见可以帮助平台了解用户的满意度和对旅游产品的期望。

（2）评论数据分析

用户的评论数据是更详细的用户反馈信息。通过对评论进行情感分析和关键词提取，平台可以更深入地理解用户的态度和需求。

通过对这些信息的综合分析可以构建出一个更全面、深入的用户画像。这将为后续的个性化推荐提供更有针对性的数据支持，提高推荐系统的准确性和用户满意度。

（二）算法应用

1. 协同过滤算法

协同过滤算法是一种常用于个性化推荐的算法，其核心思想是通过分析用户和其他相似用户的行为，为用户提供个性化的推荐服务。协同过滤算法主要分为两类：基于用户的协同过滤算法和基于物品的协同过滤算法。

（1）基于用户的协同过滤算法

基于用户的协同过滤算法首先需要计算用户之间的相似度。这可以通过多种方法实现，如余弦相似度、皮尔逊相关系数等。具体而言，通过比较用户对共同物品的评分或行为，建立用户相似性矩阵，确定用户之间的关系。

在计算用户相似度后建立用户之间的联结，找到和目标用户兴趣相似的其他用户。将这些相似用户喜欢的物品推荐给目标用户，以达到个性化推荐的目的。这个过程涉及推荐规则的制定、如何确定推荐的物品数量等问题。

（2）基于物品的协同过滤算法

基于物品的协同过滤算法关注物品之间的相似性。通过分析用户对物品的喜好建立物品之间的相似性矩阵。这通常涉及计算物品的共现矩阵或使用基于内容的方法，如标签、属性等。

在得到物品相似性矩阵后，系统可以根据用户历史喜好的物品，推荐相似的物品。该方法更加关注用户个体的偏好，通过构建个性化的推荐列表提高用户体验。

协同过滤算法是推荐系统领域的经典算法之一，尽管存在一些挑战，但通过不断改进和与其他算法相结合，可以更好地满足用户个性化推荐的需求。

2. 深度学习算法

（1）神经网络模型

①多层感知器（MLP）。多层感知器是一种基本的神经网络模型，通过多层次的非线性变换，能够学习用户和物品之间的复杂关系。在个性化推荐中，多层感知器通过嵌入层（Embedding Layer）将用户和物品映射到低维空间，通过隐藏层的非线性变换捕捉用户兴趣和物品特征之间的抽象关系，最终输出个性化的推荐结果。

②深度神经网络（DNN）。深度神经网络是包含多个隐藏层的神经网络结构，通过更深的层次学习数据的高阶表示。在推荐系统中，深度神经网络通过对用户和物品的多层嵌入进行组合，学习更复杂的用户行为模式，提高个性化推荐的精准度。

（2）卷积神经网络（CNN）

卷积神经网络在处理具有网格状结构的数据方面表现出色，尤其适用于图像处理。在推荐系统中，卷积神经网络可以被用于捕捉用户和物品之间的局部特征。通过卷积操作，模型能够识别用户行为序列中的特定模式，从而更准确地理解用户的兴趣。

（3）循环神经网络（RNN）

循环神经网络适用于处理时序数据，对于用户的行为序列建模效果显著。在个性化推荐中，循环神经网络能够捕捉用户行为的时序关系，更好地理解用户的兴趣演化过程。这对于捕捉用户兴趣的动态变化具有重要意义。

（4）注意力机制

注意力机制可以使模型能够更集中地关注用户行为序列中的重要部分。在推荐系统中，通过引入注意力机制，模型能够更有效地识别用户兴趣的关键因素，提高对用户行为的敏感性。

深度学习算法在个性化推荐领域取得显著进展，但也面临一定挑战，包括对大量训练数据和强大计算能力的需求。然而，它在处理大规模、复杂性高的个性化推荐场景中表现出色，能够挖掘更复杂的用户行为模式，提高推荐的准确性和个性化程度。

二、提供定制化服务

（一）智能化定制

随着人工智能技术的飞速发展，智能化定制服务成为提升用户体验的重要手段。对用户实时数据进行深度分析可以更好地理解用户需求，从而为其提供个性化服务。

1. 个性化推荐算法的应用

在智能化定制中，个性化推荐算法起到重要作用。基于用户画像构建的算法可以分析用户的历史行为、兴趣点，预测用户未来的需求。例如，在乡村旅游中，算法可以根据用户的历史喜好推荐其感兴趣的景点、活动，提高用户满意度。

2. 实时数据分析与个性化服务

智能化定制强调对实时数据的快速分析和处理。通过使用实时数据分析技术，系统可以实时了解用户的位置、偏好等信息，为用户提供及时的个性化服务。例如，当用户在某个景点停留时间较长时，系统可以推送相关的深度解说或推荐周边餐饮，以提升用户体验。

3. 用户参与反馈机制

在智能化定制服务中，用户的参与和反馈是不可或缺的环节。系统需要建立良好的用户参与机制，鼓励用户主动提供信息，通过用户的反馈不断优化个性化推荐算法。这一过程形成了一个良性循环，提高了系统的智能化水平。

（二）云服务支持

1. 构建云服务平台

云服务是提供定制化服务的重要基础。通过构建云服务平台，用户可以随时随地享受到个性化服务，包括预订、支付、导航等功能。云服务平台不仅提高了服务的可访问性，同时为用户和提供商提供了便捷的管理和交互工具。

2. 预订与支付

云服务平台的预订与支付功能为用户提供了便捷的服务体验。用户可以通过平台预订景点门票、住宿、特色活动等服务，并通过安全可靠的支付系统完成交易。这一流程的数字化使用户不再受限于时间和地点，提高了预订的灵活性。

3. 导航与定位服务

通过整合云服务平台中的导航与定位功能，用户在乡村旅游过程中可以随时获取周边景点、餐饮、交通等信息。这不仅提高了游客导航的便利性，同时为提供商提供了实时的用户行为数据，有助于其更好地了解用户的实际需求。

4.数据安全与隐私保护

构建云服务平台时，数据安全和用户隐私保护是至关重要的方面。采用先进的加密技术、访问控制策略和隐私保护机制，确保用户的个人信息不被滥用，维护平台的可信度。

5.智能客服与用户支持

云服务平台中的智能客服系统可以为用户提供24/7的在线支持。通过自然语言处理技术，智能客服能够理解用户的问题并给予相应解答，提高了用户的满意度。同时，用户反馈也成为平台不断改进的重要依据。

6.积分与会员体系

通过云服务平台建立积分与会员体系，激励用户更多地使用平台服务。积分可以通过用户的活跃度、消费行为等多个维度获取，进而用于优惠、礼品或提升会员级别，增强用户对平台的黏性。

第三节　客户关系管理

一、建立与维护用户关系

（一）多渠道沟通

1.社交媒体沟通机制的优化

社交媒体在当今社会中扮演着不可忽视的角色，成为互动性强、信息传播快捷的重要平台。有效优化社交媒体沟通机制，如微信、微博等多渠道的构建，更全面地了解用户的需求和反馈，从而提升乡村旅游服务的质量和用户体验。

在社交媒体平台上，与用户进行即时、双向的沟通至关重要。定期发布关于乡村旅游的相关信息，包括景点介绍、特色活动、旅游路线等，有助于向用户传递更多有价值的内容，引起用户兴趣。同时，积极回应用户的评论，尤其是用户提出的问题和建议，展现出对用户关切的重视。这种互动不仅增加了品牌与用户之间的黏性，还有助于消除用户的疑虑，提高用户对乡村旅游的信任度。

通过参与用户的讨论，了解他们对乡村旅游的看法和期望，有助于更好地定位目标用户群体，进行精准的市场定位。社交媒体的开放性使用户可以自由表达对乡村旅游的喜好和建议，这为乡村旅游提供了宝贵的用户反馈，为优化服务和提升体验提供了有益参考。

构建积极向用户传递信息的品牌形象，不仅可以吸引更多潜在游客，还能够在社交媒体上树立积极向上、开放透明的企业形象。这种品牌形象的塑造有助于提升用户对乡村旅游的信赖感，从而使用户更愿意选择乡村作为他们的度假目的地。通过社交媒体沟通机制的优化，乡村旅游产业能够更好地满足用户需求，提高品牌影响力，实现可持续发展。

2. 客服热线的建设与优化

客服热线作为传统的沟通方式在乡村旅游产业中仍然起着重要作用，其建设与优化对于建立良好的用户关系、提升用户体验至关重要。在这方面首要的是建立 24/7 全天候的客服热线服务，以确保用户在任何时间都能够获得及时的帮助和解答，从而提高用户对乡村旅游服务的满意度。

在客服热线建设中，配备专业服务人员是关键因素。这些服务人员应该具备丰富的乡村旅游知识和专业的沟通技能，以更好地消除用户的疑虑、提供相关信息，并处理用户反馈的问题。他们的友好、耐心和高效的服务态度能够直接提升用户的满意度，提高用户对乡村旅游的信任感。

引入智能客服系统是客服热线优化的重要一环。智能客服系统可以更迅速地分析用户问题，提供准确的答案，并引导用户解决疑难问题。这有助于提高用户问题解决效率，同时减轻人工客服的负担，使他们更专注于处理更复杂和专业性的用户需求。

客服热线的优化不仅关乎问题的解决，还包括对用户提出的建议和意见的认真收集。通过建立用户反馈机制，对用户的反馈进行及时记录和分析，乡村旅游企业能够更灵活地调整服务策略，满足用户的期望和需求。这种双向的沟通不仅提高了用户满意度，还为乡村旅游产业的不断优化提供了有力的支持。

（二）客户关系管理系统

1. 数据整合与分析

在乡村旅游产业中，建立客户关系管理（CRM）系统是实现数据整合与分析的关键步骤。通过对用户行为数据和偏好的整合与分析，CRM 系统能够形成全面准确的用户画像，从而更好地了解用户需求，提升乡村旅游服务的个性化水平。

CRM 系统通过整合不同渠道获取的用户数据，包括用户在官方网站、社交媒体、线下活动等平台的行为信息。这样的数据整合可以使企业全面了解用户在多个场景下的互动行为，为更精准的分析奠定基础。

通过对用户数据的深入分析，CRM 系统能够形成用户画像，包括用户的兴趣爱好、旅游偏好、消费习惯等信息。这种画像不仅能够帮助企业更好地了解目标用户群体，还能够为后续的个性化服务提供有力的支持。

其中，对用户历史购买记录、点击行为等信息的分析尤为重要。通过深入挖掘这些数据，企业可以更好地理解用户的消费习惯和购物偏好，为用户提供更符合其需求的个性化推荐。这种个性化推荐不仅可以提高用户的满意度，还能够促使用户积极参与乡村旅游活动。

2. 个性化服务的实现

个性化服务在乡村旅游中的实现主要依赖于 CRM 系统的支持。通过 CRM 系统，企业可以向用户推送个性化的活动、线路、优惠等信息，从而提高用户的参与度，加强用户与乡村旅游品牌之间的互动。

CRM 系统通过对用户行为数据和偏好的深度分析，能够实现个性化推荐。系统根据用户在不同平台的行为，包括浏览记录、点击偏好、购买历史等，精准了解用户的兴趣和需求。基于协同过滤算法和深度学习算法，系统能够识别相似用户群体，为用户推送更符合其需求的乡村旅游活动和线路。

CRM 系统通过自动化手段提供定制化服务。系统可以自动发送问候信息、生日祝福等，建立与用户的亲密关系。这种关怀性的服务不仅能够提升用户的满意度，还能够加深用户对乡村旅游品牌的印象，培养用户的品牌忠诚度。

在实际操作中，个性化服务的实现需要结合企业的具体情况和用户特征。例如，对于经常参与乡村旅游的用户，系统可以根据其历史活动记录推送相关的深度体验活动；对于新用户，系统可以通过问卷调查或初始互动获取其兴趣点，从而进行个性化推荐。

二、利用互动体验提升用户参与度

（一）社区建设

1. 构建在线社区平台

为促进用户之间的交流与分享，构建一个在线社区平台是乡村旅游业发展中的重要举措。该社区平台旨在为用户提供一个共享经验和交流的虚拟空间，通过分享乡村旅游故事、照片和建议，增加用户之间的互动，从而加深用户对相关乡村的归属感，提高用户的忠诚度。

首先，在线社区平台是用户互动的重要场所，通过用户分享的乡村旅游故事、精彩照片，其他用户可以获取真实的游玩体验和建议。这不仅使用户在虚拟空间中产生共鸣，还为潜在游客提供了更直观地了解相关乡村的途径，激发了游客的兴趣。

其次，社区平台建设可以促进用户之间的紧密联系。通过评论、点赞、私信等功能，用户可以在社区内与其他用户直接互动，形成良好的交流氛围。这种互动不仅可以提高用户对乡村旅游的认知，还能够促进用户之间的友谊，形成一个相互支持、共同体验的社群。

最后，社区平台建设也能够带动用户参与度的提升。通过定期组织社区活动、线上互动，激发用户参与的热情，使其更加积极地参与到乡村旅游的推广与分享中。这种参与感不仅提高了用户在社区中的活跃度，也为乡村旅游的品牌建设和宣传提供了更多渠道。

2. 用户生成内容（UGC）的引导

为了推动用户的积极参与和共享，引导用户生成内容是在线社区平台的重要策略之一。在线社区平台鼓励用户分享他们的旅游日记、照片、评论等内容，不仅能够丰富社区的信息，还能够建立更真实和直观的乡村旅游形象。在这一过程中，设立 UGC 奖励机制起到了激发用户创造力和增加社区活力的作用。

首先，通过鼓励用户生成内容，社区平台能够获取更加生动、真实的乡村旅游信息。用户的旅游日记和照片记录着他们的亲身体验，这些内容不仅具有感染力，还能够为其他用户提供有利的参考。UGC 的引导有助于形成多维度、全方位的乡村旅游信息，为潜在游客提供更全面地了解乡村的途径。

其次，通过设立 UGC 奖励机制，社区平台能够激发用户的创造性和参与热情。奖励机制包括积分、礼品、特权等多种形式，这样的激励措施能够促使用户更加积极地参与社区的内容生成。用户通过分享精彩的乡村旅游瞬间获得相应的奖励，从而建立一个积极向上的社区氛围。

最后，UGC 的引导还能够提升用户在社区中的影响力。通过主动生成内容，如深度的游记、引人入胜的照片，用户不仅成为信息的传播者，更是社区的重要参与者。他们的经验分享和专业建议能够对其他用户产生积极影响，形成用户之间的信任与共鸣，提高社区活跃度。

（二）虚拟实境技术

1. 沉浸式体验的创造

为了提升用户在乡村旅游中的参与感和期待感，引入虚拟实境技术成为一项创新的举措。通过采用 VR 眼镜或 AR 技术，用户在未亲临乡村的情况下即可沉浸式体验乡村旅游的环境，感受风土人情。

虚拟实境技术的引入为用户创造了一种先行体验的机会。通过虚拟现实，用户可以在虚拟的环境中漫游乡村，感受乡村的自然景观、人文风情，仿佛置身于实际场景中。这种先行体验不仅能够提升用户的期待感，还使用户在实际旅游前产生更加真实和直观的感受，增强游客的预期满足度。

特别是在乡村旅游中，用户更加注重真实的体验感。通过虚拟实境技术，用户可以在预订行程之前就对乡村的环境、建筑、景观等有较为全面的了解。这种沉浸式的先行体验有助于激发游客的兴趣，提前引发他们对乡村的好奇心和向往感，从而更有可能选择该地作为旅游目的地。

此外，虚拟实境技术的引入也有助于提升用户的参与感。用户可以在虚拟环境中与周围的景物进行互动，近距离感受乡村的风土人情。这种参与感使用户不只是旅游的观众，更是体验的主体，加深了他们与乡村之间的情感联结。

2. 互动性的设计

在虚拟实境技术设计中，互动性被视为至关重要的元素，其引入可以显著增强用户的参与度和互动体验。通过巧妙地结合触摸、手势识别等技术，虚拟实境技术创造了一个更加生动、真实的虚拟世界，使用户能够积极参与其中，尽情体验乡村文化。

通过虚拟实境技术中的触摸技术，用户可以直接与虚拟环境进行互动。例如，在虚拟体验中，用户可以通过触摸虚拟屏幕或设备，与周围的景物进行交互。这种直观的互动方式使用户能够更深入地融入虚拟世界，感受乡村的细节和特色。

手势识别技术的应用也为用户提供了更加自由和多样的互动方式。通过捕捉用户在虚拟环境中的手势动作，系统能够做出相应的反馈，使用户置身虚拟场景中。例如，用户可以通过手势点选虚拟地图上的景点，触发相关信息的展示，从而更加深入地了解乡村的文化和历史。

在虚拟实境技术设计中，特别是在乡村文化体验活动的组织中，互动性为用户提供了更丰富的体验。通过虚拟手段，用户可以参与到模拟的乡村文化活动中，如传统手工艺品制作、农耕体验等。这种虚拟互动不仅使用户产生了更加生动的体验，还使其在虚拟世界中深入感知和了解乡村的独特魅力。

第六章

“乡村振兴”视阈下智慧乡村旅游系统应用

第一节　系统上线与推广

一、系统上线前的准备工作

智慧乡村旅游系统上线前必须进行详尽的准备工作，以确保系统能够顺利运行并得到用户认可。

（一）技术准备

1. 硬件和软件环境的充分准备

在系统上线前，充分准备技术基础设施是保证智慧乡村旅游系统稳定运行的关键。以下是在硬件和软件方面的充分准备工作：

首先，服务器搭建需要根据系统规模和用户量选择合适的服务器架构。这包括云服务器、专用服务器或者分布式服务器系统。确保服务器具备良好的稳定性和可扩展性，以应对未来可能的用户增长和系统功能扩展需求。服务器的位置选择也需考虑到降低访问延迟、提高用户访问速度等问题。

其次，数据库配置是保证系统高效运行的另一个重要方面。设计和配置数据库需要考虑系统将存储和检索大量与乡村旅游相关的数据，包括线路信息、用户数据、活动安排等。数据库系统应该支持高并发、高吞吐量的数据操作，以确保系统能够在用户负载增加时依然响应迅速。

最后，系统安全性也是不可忽视的一环。在系统安全方面需要加强数据的安全性，采用数据加密技术保护用户隐私信息。同时，进行访问权限控制，确保只有授权用户可以访问系统的敏感数据。建立系统监测和日志记录系统，及时发现和防范潜在的安全威胁。

2. 技术团队培训与支持

为了确保智慧乡村旅游系统的顺利上线和稳定运行，技术团队的培训和支持至关重要。以下是有关技术团队培训和支持的详细计划：

建立培训计划是保障技术团队熟练操作和维护系统的基础。培训计划应包括系统的操作流程、故障处理机制、安全维护等。通过针对性培训，确保技术团队对系统的了解全面而深入。培训内容应根据技术团队成员的实际情况进行调整，保证每个成员都能掌握所需的技能。

建立完善的技术支持体系是确保系统上线后能够及时响应和解决技术问题的关键。技术支持体系应该包括一个快速响应的通信渠道，以及由专业技术人员组成的支持团队。系统上线初期可以设立专门的紧急支持热线，确保出现紧急技术问题时能够迅速解决。同时，建立技术支持的在线平台，方便技术团队随时随地获取支持。

在培训和支持方面，要强调团队合作和沟通的重要性。团队成员之间应该建立紧密的协作关系，共享经验和知识，以应对复杂的技术挑战。培训和支持工作应该是一个持续的过程，应及时更新培训材料和技术文档，以适应系统和技术的发展变化。

（二）内容准备

在系统上线前准备丰富的乡村旅游信息是吸引用户的重要前提。

1. 线路推荐

为确保智慧乡村旅游系统的成功上线，线路推荐的精心设计和提前准备是至关重要的。线路推荐不仅是提供游客游玩的路径，更是通过巧妙的设计满足不同用户的多样化需求，可以包括主题线路和文化线路等。

在线路推荐的设计中，首先需要深入了解用户的兴趣和需求。可以进行详细的用户调研，包括使用问卷调查、用户行为分析等方式，获取用户在乡村旅游方面的偏好，包括喜好的主题、文化背景等。这为系统的线路推荐提供了重要的数据支持。

主题线路的设计要考虑到不同用户群体的需求。喜欢自然风光用户的推荐线路可以包括乡村风光、自然景点等；喜欢历史文化的用户，他们更倾向于参与文化体验、走访传统村落等。因此，主题线路应该涵盖自然、文化、历史等方面，以满足不同用户的兴趣。

文化线路的设计则需要深入挖掘当地的历史、民俗文化等特色。通过与当地居民的深度交流，了解他们的文化传承、习俗活动等，为文化线路的设计提供丰富素材。这样的线路设计不仅能够吸引游客，还能促进当地文化的传承和发展。

此外，线路推荐的设计还需要考虑季节变化、气候因素等。不同季节的乡村风光各异，因此线路的推荐需要根据季节的变化进行调整，确保游客在不同时间能够体验到最佳的乡村风情。

2. 活动安排

在智慧乡村旅游系统上线前，精心策划和安排各类丰富多彩的活动是保障系统成功运营不可或缺的一环。通过收集并整理当地的各类活动信息，系统能够及时推送给用户，从而提高用户黏性，促使用户更积极地参与乡村旅游活动。

首先，活动信息的收集是活动安排的基础。系统需要获取最新的乡村旅游活动信息。这可以通过与当地政府、社区组织、旅游从业者等建立紧密的联系，获取最新、最全面的活动信息。

其次，活动的安排需要考虑多样性和个性化。不同的用户有不同的兴趣和偏好，因此，系统的活动推荐要考虑满足不同用户群体的需求。有些用户喜欢参与传统的文化活动，比如节庆庙会、传统手工艺制作等；而另一些用户更倾向于户外探险、徒步旅行等活动。因此，系统应该推出各种各样的活动，以满足用户多元化需求。

进一步而言，活动的推送要及时、精准。系统需要引入智能推荐算法，根据用户的历史行为、兴趣爱好等信息，为用户量身定制个性化的活动推荐。这不仅能提高用户的满意度，还能促使用户更加积极地参与活动，形成用户与系统的良性互动。

最后，活动的安排需要注意季节变化和地域特色。根据不同季节的气候和自然景色，合理调整活动的策划和推送。同时，结合当地的地域文化和特色推出具有地方特色的活动能够更好地吸引游客，提升乡村旅游的吸引力。

3. 多媒体素材

在智慧乡村旅游系统上线前，准备充足且高质量的多媒体素材是提升用户体验、展示乡村旅游魅力的重要因素之一。这些多媒体素材包括图片、视频等，生动展示这些素材能够有效地激发用户兴趣，增强他们的体验感，从而促使用户更积极地参与乡村旅游。

首先，图片是直观展示乡村风貌和景观的重要媒介。通过准备高质量、多角度的图片，系统能够生动地展示乡村的自然风光、民俗风情、特色建筑等。这有助于用户更直观地了解目的地，提前感受到旅行的乐趣。同时，精心挑选的图片能够让用户形成对乡村的美好印象，激发用户的好奇心和向往感，促使其更愿意选择乡村旅游。

其次，视频作为多媒体素材中的一种，更能传达出乡村的独特魅力。通过精彩的视频，系统可以展示当地的文化传统、丰富的活动场景、特色美食等。视频的动态展示能够更全面地展现乡村的特色，使用户仿佛身临其境。同时，适度的音效和解说可以增强用户的体验感，使其对乡村旅游产生更大的兴趣。

最后，多媒体素材还可以用于呈现乡村旅游的个性化推荐。通过分析用户的历史行为和偏好，系统可以有针对性地推送与用户兴趣相关的图片和视频。这不仅提高了推荐的准确性，还增强了用户对系统的信任感和好奇心，更有助于激发用户主动参与乡村旅游的欲望。

二、有效推广智慧乡村旅游系统的策略

智慧乡村旅游系统的成功推广需要综合运用线上、线下推广和用户培训等多种策略，以提高系统在互联网上的曝光度，增强用户黏性和受欢迎程度。

（一）线上推广

1. 社交媒体推广

社交媒体推广是智慧乡村旅游系统成功推广的重要组成部分，通过综合运用内容营销、社交广告和线上社交活动等策略，实现系统在社交媒体平台上的广泛曝光和与用户互动，从而提高系统的知名度和使用率。

首先，制定内容营销策略是社交媒体推广的核心之一。在微信、微博等社交平台上发布有吸引力的内容，包括乡村旅游线路推荐、用户体验分享、系统更新等，引导用户关注并分享，扩大系统在社交网络中的影响力。内容的制定需要考虑用户兴趣、需求和社交平台的特性，以提高内容的传播效果。

其次，利用社交广告是增强系统在社交媒体上可见性的有效途径。根据用户的地理位置、兴趣爱好等特征投放有针对性的社交广告，提高广告的点击率和转化率。社交广告可以精准定位目标用户群体，推动用户了解并使用智慧乡村旅游系统，实现更高效的广告营销效果。

最后，实施线上社交活动是增强用户参与度的有效手段。通过组织抽奖、互动问答等社交活动，提高用户在社交媒体上的参与度。这不仅增加了用户与系统的互动，还提高了品牌的互动效果，使系统在社交媒体平台上更具话题性。社交

活动的举办需要与系统特点相契合，同时关注活动效果的数据分析，不断优化活动策略。

2. 搜索引擎优化（SEO）

SEO 是智慧乡村旅游系统推广中至关重要的一环，通过深度分析用户搜索习惯优化关键词、优化内容和构建高质量外链，系统能够在搜索结果中脱颖而出，从而提高系统曝光度，增加用户发现系统的机会。

首先，优化关键词是 SEO 的核心方法之一。通过深入分析潜在用户的搜索习惯，了解用户常用的关键词，系统可以精准选择关键词并进行优化。这样的优化能够提高系统在搜索引擎中的排名，使其更容易被用户检索到，从而提高用户发现系统的可能性。

其次，优化内容是提高搜索引擎推荐权重的重要方法之一。优化系统相关页面的内容，包括标题、描述、图片等，能够提高系统页面质量，使其更符合搜索引擎的算法要求。高质量的内容优化能够提高系统在搜索引擎中的可信度和权威性，从而增加搜索引擎对系统的推荐权重。用户看到更具吸引力的页面内容，更有可能点击进入系统，从而提高系统的点击率和用户互动度。

最后，构建高质量外链是 SEO 的重要手段之一。与合作伙伴、行业协会等建立高质量的外部链接，能够增加系统在搜索引擎算法中的权重，提高系统的整体排名。高质量的外链源于可信度高的网站，这有助于系统在搜索引擎中被认为是具有良好信誉的网站，从而提高系统在搜索结果中的排名。

（二）线下推广

1. 参与乡村旅游相关活动

（1）参与展会

积极参与与乡村旅游相关的展会、博览会等活动，展示系统的特色，与潜在用户进行面对面交流，增强系统在实体场景中的知名度。

（2）与地方政府合作

与地方政府建立合作关系，通过政府渠道进行推广，获得政府支持，提高系统在当地乡村旅游产业中的地位和影响力。

2. 建立合作关系

（1）与旅游从业者合作

建立与乡村旅游从业者的合作关系，将系统整合进实体场景，提高用户在线下场景中的感知度。

（2）参与社区活动

积极参与当地社区活动，提升系统在本地社区的认可度，通过口碑传播，增强用户对系统的信任感。

（三）用户培训

1.制订全面培训计划

（1）基础操作培训

提供系统基本操作的培训，使用户能够轻松上手，熟练使用系统的基本功能。

（2）高级功能培训

深入介绍系统的高级功能，帮助用户充分利用系统的所有功能，提升用户体验。

2.线上培训

（1）制作视频教程

制作系统操作的视频教程，方便用户随时学习，提高用户对系统的了解和使用熟练度。

（2）定期组织线上培训

定期组织线上培训，由专业讲师进行系统使用技能的传授，解答用户疑问，提高用户满意度。

3.建立用户支持平台

（1）实时在线客服

建立实时在线客服平台，及时回应用户提出的问题，解决用户在使用过程中遇到的困扰，提高用户对系统的信赖感。

（2）用户反馈渠道

设立用户反馈渠道，收集用户意见和建议，不断优化系统功能，提升用户体验，最终形成良性的用户互动循环。

（四）优惠活动

1.注册优惠

系统为新用户提供了极具吸引力的注册优惠活动，包括首次注册折扣和推荐有奖机制。首次注册用户可享有专属折扣或赠送积分的优惠，从而激发其兴趣并提高其注册积极性。这一优惠政策不仅为新用户带来实实在在的优惠，同时为他们提供了更经济、更有吸引力的智慧乡村旅游体验。

另外，系统通过推出推荐有奖活动，积极激发现有用户的参与和分享热情。鼓励用户邀请朋友或家人注册并使用系统，而系统为用户提供丰厚的奖励，这不仅增强了用户的黏性，还有效地扩大了系统的用户群体。这种口碑传播的方式极大地提高了系统的知名度和可信度，形成了用户之间的积极互动和共享体验的社区氛围。推荐有奖活动的巧妙设计不仅为新用户带来实际利益，还为系统的用户增长和社交传播奠定了坚实的基础。

2. 定期特价和限时优惠

系统通过巧妙设计定期特价和限时优惠活动为用户提供了更具吸引力的乡村旅游选择。

系统定期推出特价线路让用户在系统内找到更经济实惠的乡村旅游线路。这一策略既满足了用户对实惠旅游的需求，又通过特价线路的推出吸引了更多用户选择系统进行乡村旅游规划。用户可通过享受系统内特价线路所提供的独特价值，实现更丰富、更实惠的旅行体验。

通过设置限时促销活动为用户设立一定时间内的独家折扣或特别优惠，引发用户的紧迫感，促使他们更迅速地做出使用系统的决策。这种限时促销机制不仅刺激了用户对系统的积极参与，还在短时间内吸引了更多用户的关注。通过定期推出限时促销活动，系统成功地激发了用户的购买欲望，提高了用户对系统的黏性和忠诚度。

3. 联合优惠

系统积极倡导与合作伙伴的紧密合作，通过与其他旅游相关服务提供商共同推出联合优惠活动，实现互利共赢。这一策略不仅拓展了系统的服务范围，还为用户提供了更丰富的选择和更实惠的旅游体验。通过与合作伙伴联动，系统能够整合不同领域的专业资源，为用户打造更完整、更高品质的乡村旅游服务。这种联合优惠不仅增强了系统的市场竞争力，还扩大了系统的用户群体，进一步提高了系统在乡村旅游市场的占有率。

同时，系统还通过建立会员制度，为用户提供专属的会员优惠活动，旨在提高用户的忠诚度和黏性。会员专享优惠不仅是对用户的一种奖励，更是一种激励，激励用户更频繁地选择系统进行乡村旅游规划。通过建立会员体系，系统可以更深入地了解用户需求，为用户提供个性化的服务和专属的折扣，从而增强用户对系统的信任感和满意度。

第二节　案例分析与总结

深入分析不同地区智慧乡村旅游系统的成功案例可以总结出各地区智慧乡村旅游系统的特色和成功经验，为其他地区系统的发展提供借鉴。

一、案例一：数字导览系统在乡村旅游中的应用

（一）全域旅游智慧导览地图开启乡村旅游新体验

1. 项目背景与目标

广东省中山市南区街道曹边村，作为侨乡，拥有丰富的历史文化和自然景观，为了更好地展示这一山水人文魅力，南区街道宣传文化服务中心在 2021 年助力曹边村打造了全域旅游智慧导览系统。该系统主要以移动端为主体，结合线下手绘地图，通过语音讲解、图文展示、360 度全景等方式，为游客提供生动的景区介绍和专业的线路规划，实现了曹边村的全域旅游智慧导览。

2. 系统特点与功能

曹边村全域旅游智慧导览系统以手绘地图为辅助，结合数字化技术，通过多媒体形式展示村内主要景点和文化内容。系统包括语音讲解、图文展示、360 度全景等功能，为游客提供全方位的导览服务。同时，系统还实现了精品线路游的专业规划和推荐，以及一键导航功能，为自助游客提供了更个性化、更便捷的乡村旅游体验。

3. 社会效益评估

通过该系统，曹边村在文化传承和旅游服务方面取得了显著的社会效益。系统中的语音讲解和图文展示展现了曹边村的历史、文化、风土人情，使游客更深入地了解当地的特色和魅力。

（二）数字化建设推动乡村旅游产业新发展

1. 乡村旅游发展趋势

近年来，乡村旅游深受城市游客欢迎，尤其是那些追求个性化和文化内涵的游客。曹边村作为"中国美丽休闲乡村"，在乡村旅游发展方面已经具有较为成熟的基础。然而，随着游客需求的不断升级，系统的数字化建设为曹边村带来了新的发展机遇。

2. 智慧导览系统的推动作用

曹边村全域旅游智慧导览系统的启动不仅提升了游客的体验，还推动了乡村旅游产业的新发展。系统通过全方位展示景点、提供个性化服务，满足了游客对于独特、有文化内涵的旅游体验的需求。该系统通过引导游客参与低碳、环保、绿色旅游，培养了游客的可持续发展意识，促进了乡村旅游产业的健康发展。

3. 提升公共文化服务数字化水平

数字化建设不仅对乡村旅游产业有所促进，同时提升了公共文化服务的数字化水平。曹边村全域旅游智慧导览系统为游客提供了更便捷的信息获取途径，加强了文化传承和对游客的服务。通过数字化手段，曹边村将传统的手绘地图与现代科技相结合，提高了公共文化服务质量和效率。

（三）系统效果评估

曹边村全域旅游智慧导览系统在推广和应用中取得了显著成效，通过数字化手段，成功提升了乡村旅游的吸引力和体验感，促进了乡村旅游产业发展。系统为游客提供了更丰富、更便捷的旅游选择和导览服务，有效提高了游客对曹边村的满意度和游客留存率。同时，党员导赏和党员服务功能的引入进一步强化了村民与游客之间的互动与合作，为乡村共建共享共治提供了新的切入点。

曹边村全域旅游智慧导览系统的成功应用为乡村旅游数字化发展提供了宝贵经验。未来可以通过不断优化系统的功能和内容，进一步提升用户体验。系统还可以考虑引入更多创新技术，如增强现实（AR）和虚拟现实（VR）技术，以进一步丰富游客的互动体验。同时，加强与当地企业、社区以及其他相关机构的合作，拓展系统的服务范围，进一步推动乡村旅游产业的创新发展。

曹边村全域旅游智慧导览系统的成功应用为乡村旅游数字化建设提供了充分的示范和借鉴价值。数字技术的运用可以更好地满足游客的多元化需求，推动乡村旅游的可持续发展，促进文化传承与创新的共同推进。这一案例对于其他乡村旅游地区在数字化建设中提升服务水平、提高竞争力具有积极作用。

二、案例二：B 市智慧旅游系统的推广策略

B 市智慧旅游系统的推广策略旨在充分利用微信小程序的便捷性和社交属性，通过名人代言提升系统在本地区域的知名度，同时利用数据分析和用户反馈持续优化推广效果。这一综合的推广方案不仅充分结合线上线下渠道，还注重用户体验和品牌形象的建设。通过不断调整和改进，系统能够更好地适应市场需求，推动智慧旅游系统在 B 市的成功推广。这一案例为其他地区和行业的智慧旅

游系统推广提供了宝贵的经验和有益的参考。

（一）微信小程序推广策略

1. 以微信小程序作为推广平台

B 市智慧旅游系统以微信小程序为推广平台，通过这一渠道实现了线上预订和线下体验的无缝联结。微信小程序具有强大的社交属性和庞大的用户群体，为系统推广提供了良好的用户接触点。通过微信小程序，用户可以方便地浏览系统提供的乡村旅游信息、进行线上预订，并在实际体验中获取更多定制化服务。

2. 线上预订与线下体验整合

微信小程序推广策略的核心在于实现线上预订和线下体验的完美整合。用户可以在小程序中获取详细的乡村旅游线路、景点介绍和服务信息，轻松完成预订流程。同时，小程序通过与实际体验场景的联结，如定位服务、导航功能等，使用户在线上预订后能够顺利转化为线下实际体验。这种无缝联结不仅提高了用户的便捷感，也增强了用户对系统的信任和满意度。

3. 数据分析与用户反馈

微信小程序不仅是一个展示和预订的平台，还是一个数据分析和用户反馈的重要工具。系统可以通过小程序收集用户的浏览、预订和实际体验数据，然后进行深度分析。这些数据可以帮助系统更好地了解用户行为和偏好，优化线上线下服务。同时，系统还可以通过小程序主动收集用户反馈，了解用户对系统的意见和建议，进一步改进和提升系统的品质。

（二）本地名人代言提升系统知名度

1. 名人代言的推广效果

B 市智慧旅游系统采用本地名人代言的推广策略提升系统的知名度。本地名人通常与目标用户有更紧密的关联，他们的代言不仅能够引起用户的共鸣，还能增强系统在本地的认可度。名人代言可以通过媒体、社交平台等渠道传播，有效拓展系统在本区域的影响力。

2. 代言策略的制定

在选择本地名人进行代言时，系统需要制定明确的代言策略。这包括确定代言人的选取标准、代言合同的条款、代言内容的创作等。通过精心策划的代言活动，系统可以更好地传递自身的核心价值和特色，与名人的形象相互补充，提高系统的品牌认知度。

3. 结合线上线下渠道

名人代言的推广效果不仅体现在线上，还需要结合线下渠道，如户外广告等。通过在各类媒体上展示名人代言的宣传片、广告画面，提高代言的曝光度。同时，也可以在线下实体场景，如商业区、交通站点等，通过海报、展板等形式进行推广，使名人代言成为系统推广的亮点。

（三）持续优化

1. 数据驱动的推广策略

B 市智慧旅游系统通过数据分析实现了推广策略的持续优化。利用微信小程序收集的用户数据和反馈信息，系统可以进行深入的用户行为分析，了解用户偏好和需求，从而可以及时调整线上线下服务，提高用户体验，增强用户黏性。

2. 回应用户反馈的重要性

除了数据分析，回应用户反馈也是推广策略的重要内容。系统应设立专门的渠道，鼓励用户提供使用体验、意见建议等反馈信息。通过及时回应用户反馈，系统能够更好地了解用户的期望，解决潜在问题，提升系统品质。同时，积极回应用户反馈还能够增强用户对系统的信任感，形成良好的用户口碑。

3. 持续优化的措施

持续优化是推广策略的重要因素，系统需要定期评估推广效果，根据数据和用户反馈作出相应调整。优化措施包括更新微信小程序的内容，调整名人代言的宣传方式，以及加强线上线下渠道的整合。通过定期的推广策略评估和调整，系统能够适应市场变化，不断提升推广效果，保持持续的用户关注度和参与度。

三、案例总结

（一）成功案例的共同特征

1. 创新性

成功案例的共同特征之一是具备一定的创新性。这包括系统在技术和服务方面的创新。技术创新可以表现为引入先进的导览技术、智能推荐算法等，以提供用户独特的乡村旅游体验。服务创新则体现在系统提供了令人眼前一亮的服务，如定制化线路规划、特色活动推荐等，满足用户对于新鲜、个性化体验的追求。

2. 合作

成功案例中普遍存在与当地政府、企业、从业者等的紧密合作。这种合作模式不仅可以促成资源共享，还能够形成乡村旅游生态圈，提高系统的综合服务水平。与政府的合作可以带来政策支持和场地资源，与企业的合作可以拓展系统的商业模式，与从业者的合作则能提供更丰富的乡村旅游体验。

（二）经验总结

1. 用户体验优化

（1）定期收集用户反馈

建立畅通的用户反馈渠道是智慧乡村旅游系统持续改进和优化的重要步骤。通过主动收集用户对系统的意见和建议，系统能够更加及时地了解用户需求、识别问题并做出相应的改进。这种用户反馈的定期收集可通过在线调查、用户评价、问题反馈等多种方式实现。

首先，系统可以通过开展定期的在线调查，设计问卷或调查表，向用户提出系统使用体验、功能满意度、期望新增的特色服务等相关问题。通过这种方式，系统可以系统性地了解用户的整体满意度，捕捉用户对系统的期望和建议，从而为系统的优化方向提供有益参考。

其次，鼓励用户通过系统内的评价功能进行用户评价。这包括对具体线路、景点、服务的评价，也可以包括对整体系统使用体验的综合评价。通过用户的直接评价，系统能够更深入地理解用户的感受，识别系统的亮点和问题所在，为系统改进提供更具体的依据。

最后，建立问题反馈机制也是十分重要的一环。系统设立专门的反馈入口，让用户能够方便地报告在使用系统过程中遇到的问题或者提出改进建议。这种及时的反馈机制有助于系统快速响应和解决用户的问题，提高用户满意度。

（2）界面设计与功能布局优化

系统的成功与用户体验息息相关，而界面设计和功能布局作为用户直接接触的核心元素，对于提升用户体验具有至关重要的作用。为了确保用户能够轻松、愉快地使用智慧乡村旅游系统，系统管理者应该根据用户反馈及时调整系统的界面设计和功能布局。

界面是用户与系统直接互动的媒介，其直观性和友好性对用户体验至关重要。通过深入了解用户群体的心理和行为特征，系统可以根据用户习惯和偏好进行界面设计。颜色搭配、图标设计、排版布局等方面的优化都应考虑用户的视觉感受和视觉舒适度，以为用户创造愉快的使用感觉。

功能布局的优化可以提升用户体验的流畅性。系统应当根据用户的使用习惯和需求，合理分配各个功能的位置和入口，避免烦琐的操作流程和信息混乱。通过用户行为分析可以了解用户使用系统功能的频率和优先级，从而合理优化功能布局。此外，采用用户友好的导航方式，如清晰的标签、直观的菜单等，也是提高系统易用性的有效手段。

界面设计与功能布局的优化需要紧密结合用户反馈进行。系统管理者应当主动收集用户的意见和建议，关注用户在使用系统过程中遇到的问题和困惑。通过用户反馈，系统可以及时了解哪些界面设计不符合用户期望，哪些功能布局需要进一步优化。这种循环的用户反馈机制有助于系统根据用户需求进行快速调整，提高系统的用户满意度。

（3）引入个性化推荐算法

在智慧乡村旅游系统中引入个性化推荐算法是为了更好地满足用户独特的需求，为用户提供个性化、定制化的乡村旅游推荐，以增强用户体验的个性化感受。这一算法的实施旨在深入挖掘用户的偏好和历史行为数据，从而为每位用户量身打造最合适的旅游推荐，提高系统的用户满意度和使用黏性。

首先，个性化推荐算法的核心在于对用户行为数据的深度分析。系统需要收集并分析用户在系统中的行为数据，包括浏览过的景点、选择的线路、收藏的活动等。通过这些数据，系统能够了解用户的兴趣爱好、偏好地区、旅游类型等信息，为个性化推荐提供数据支持。

其次，根据用户的历史行为和偏好信息，系统可以采用各种推荐算法，如协同过滤、基于内容的推荐、深度学习等，来建立个性化推荐模型。这些算法可以通过挖掘用户与其他相似用户的行为关系，或者分析用户对于不同景点或活动的偏好，从而为用户推荐更符合其需求的乡村旅游内容。

再次，个性化推荐算法应该考虑到用户的实时需求及其变化。系统可以通过实时监测用户的行为，及时调整个性化推荐策略。例如，用户在某个季节对于特定类型的活动感兴趣，系统可以根据这一信息进行相应调整，为其提供具有针对性的推荐。

最后，为了确保用户对于个性化推荐的信任和认可，系统应当透明地向用户展示推荐算法的原理和逻辑。用户应该清晰了解为何系统做出了某个特定的推荐，从而增强用户对于推荐的信赖感。

2. 定期更新

（1）新鲜内容的引入

系统的定期更新是为了保持系统的新鲜感，吸引用户的持续关注，并提供更具吸引力的乡村旅游内容。这一策略的核心在于不断引入新的内容，包括但不限于旅游线路、景点介绍、文化活动等，以丰富系统的信息库，提高用户的参与度和满意度。

首先，通过定期的系统更新，系统能够及时响应市场变化和用户需求。乡村旅游领域是一个充满活力和创新的领域，新的线路、景点、文化活动等都可能成为用户关注的焦点。系统管理者应该通过市场调研和用户反馈，不断了解用户的兴趣和期待，从而在更新中引入更符合用户需求的新内容。

其次，新鲜的内容是用户持续使用系统的重要动力。用户在系统中寻找新奇、独特的乡村旅游体验，而系统的定期更新正是满足这一需求的有效手段。通过引入新的线路和景点介绍，系统可以为用户提供更多选择，激发用户的探索欲望，使其在系统中产生更多兴趣点。

再次，系统更新有助于提高用户留存率和活跃度。持续更新意味着用户每次打开系统都有可能发现新的内容，这会激发用户的好奇心和参与欲望，提高用户的使用频率。同时，通过及时引入文化活动等内容，系统可以吸引用户参与线上线下活动，提升用户在系统中的互动体验。

最后，系统更新应当注重内容的质量和多样性。即不仅要引入新的内容，还要确保这些内容具有深度、有趣，能够满足不同用户的需求。通过提供多样性的内容，系统可以更好地满足不同用户群体的兴趣，提高系统的包容性和吸引力。

（2）技术优化

系统技术优化是保障智慧乡村旅游系统在性能、安全性等方面与时俱进，提高用户使用体验的重要手段。这一策略旨在通过不断升级和优化系统的底层技术，确保系统在面对不断变化的市场和用户需求时依然保持高效、安全、稳定的运行状态。

首先，性能优化是技术优化的一个重要方面。随着用户数量和系统数据量的增长，系统的性能会面临挑战。因此，系统管理者需要通过采用先进的技术手段，如缓存优化、数据库索引优化、负载均衡等，来提升系统的响应速度和并发处理能力。这有助于减少用户等待时间，提高系统的整体性能。

其次，安全性是技术优化中至关重要的一个方面。随着网络安全威胁的不断增加，系统必须不断更新和升级安全措施，以保护用户的个人信息和交易数据。采用加密技术、漏洞修复、访问控制等手段，可以有效提高系统的抗攻击能力，确保用户在使用系统时的隐私和数据安全。

再次，技术优化还包括系统架构的不断演进。系统管理者应当关注行业技术的最新动态，采用适用的新技术，如云计算、容器化等，以提高系统的灵活性和扩展性。系统架构不断优化可以更好地适应快速变化的市场需求和用户期望，确保系统始终具备竞争力。

最后，技术优化还应该关注用户体验的改进。通过引入先进的前端技术、设计用户界面等手段，系统可以提供更直观、友好的用户界面，增强用户的使用体验。同时，采用智能化技术，如人工智能和机器学习，可以为用户提供更个性化、智能化的推荐和服务，提高系统的用户满意度。

3. 社区参与

（1）建设用户社区

建设用户社区是智慧乡村旅游系统成功的重要因素之一，通过在系统内建立论坛、整合社交媒体等平台，促进用户之间的积极交流和互动。这一战略的目的在于搭建一个用户共享和互助的平台，通过用户间的沟通，形成更紧密的社群关系，提高用户对系统的参与度和黏性。

首先，论坛是用户社区建设的一个核心组成部分。系统可以设立专门的乡村旅游论坛供用户分享旅行经验、推荐景点、交流攻略等。通过论坛，用户可以互相学习、交流心得，从而形成一个丰富多彩的乡村旅游知识库。系统管理者应该引导论坛讨论，推动用户形成有深度的交流，以激发更多用户参与的兴趣。

其次，社交媒体平台也是用户社区建设的有效途径。系统可以整合社交媒体，如微信、微博等，将用户的乡村旅游活动和分享内容传播到更广泛的社交网络中。通过社交媒体的力量，用户可以更方便地邀请朋友参与旅游，扩大系统的用户群体。此外，系统管理者可以通过社交媒体与用户互动，回应用户的问题和建议，建立更亲密的联系。

再次，用户社区的建设需要注重互动和参与感。系统可以推出用户活动，如旅游摄影比赛、乡村文化体验等，通过这些活动激发用户的积极性和参与度。定期组织线上线下的聚会和活动，使用户有更多机会面对面交流，加深社区成员之间的联系。

最后，系统管理者应该重视用户反馈和建议，通过用户社区及时了解用户对系统的意见和需求。用户的反馈是系统改进和优化的宝贵信息来源，建设良好的用户社区可以更轻松地收集用户的声音，促使系统更贴近用户需求，提高用户满意度。

（2）组织主题活动

组织主题活动是智慧乡村旅游系统成功的重要策略之一，通过定期组织与乡村旅游相关的活动，如线下游园活动、摄影比赛等，增强用户的参与感，提高用户的黏性，同时活跃系统的社群氛围。

首先，线下游园活动是一种有效的主题活动。系统管理者可以与当地乡村旅游从业者、景区合作，共同策划和组织线下游园活动。这类活动包括赏花、采摘、乡村美食体验等，为用户提供更亲身的乡村体验。通过参与这样的活动，用户能够深度了解当地文化，同时增进与其他用户的交流，形成更紧密的社区关系。

其次，摄影比赛是吸引用户参与的另一种有效活动形式。通过组织乡村风光、民俗风情等主题的摄影比赛，系统可以激发用户的创造力和分享欲望。这类比赛既能够吸引摄影爱好者，提高系统的知名度，又能够促使更多用户积极参与，分享自己在乡村旅游中的精彩瞬间。在比赛中获胜的用户不仅能够得到奖励，还会增强其在社区中的影响力，形成用户间的竞争与合作关系。

再次，主题活动的组织需要关注活动的多样性和创新性。不同主题的活动能够吸引拥有不同兴趣和需求的用户，系统管理者应根据用户群体的特点和反馈，不断创新活动主题和形式，以保持用户的新鲜感和活跃度。此外，活动的定期举办也是必要的，可以设立固定的活动日程，使用户期待和参与的欲望保持高涨。

最后，系统管理者应该善于运用社交媒体等平台宣传和推广主题活动。通过在线渠道发布活动信息、邀请用户参与，以更迅速地传达信息，吸引更多用户的关注和参与。这样的宣传不仅能够提高活动的曝光度，还有助于拓展系统的用户群体。

第七章

“乡村振兴”视阈下智慧乡村旅游的发展趋势

第一节　对智慧乡村旅游未来发展的期望

一、社会期望

（一）乡村经济发展和村民生活改善

1. 推动乡村经济发展的社会期望

智慧乡村旅游发展被社会寄予良好期望，被认为是有效推动乡村经济发展的重要途径。

社会期望通过引入新技术提升乡村旅游服务水平，吸引更多游客前来旅游，从而带动当地的经济。一方面，引入新技术，尤其是人工智能、大数据和物联网等新兴技术，为乡村旅游注入新的发展动力。通过人工智能算法，系统能够更精准地理解游客需求，提供个性化的旅游推荐和服务。大数据分析有助于系统更全面地了解游客行为，从而优化线路规划和推广策略。物联网技术的应用将实现景区设施的智能化管理，提高游客的便利度。另一方面，提升乡村旅游服务水平可以吸引更多游客，从而刺激乡村的经济增长。随着城市生活压力的增大，人们对于远离城市喧嚣、享受宁静乡村生活的向往日益增加。智慧乡村旅游系统能够满足现代消费者对于个性化、便捷和丰富体验的需求，使乡村成为理想的旅游目的地。而发展智慧乡村旅游可以提高乡村旅游的吸引力，有助于增加游客流量，促进乡村经济的多元化发展。

2. 改善村民生活的社会期望

社会寄予了通过智慧乡村旅游改善村民生活的殷切期望。这一期望的核心在于新技术的引入将为乡村创造更多就业机会，从而提高村民的收入水平，为他们带来实质性的经济改善。例如，智慧乡村旅游的发展将促使乡村地区更广泛地应用新兴技术，如人工智能、大数据和物联网。这不仅有助于提升乡村旅游服务水平，还将创造新的就业机会，为当地居民提供更多谋生的途径。通过参与智慧乡村旅游的产业链，村民有望涉足具有更高附加值的服务领域，拓宽他们的职业发展空间。

社会期望乡村旅游的发展能够提升乡村的基础设施和公共服务水平，从而为村民提供更好的生活条件。随着智慧技术的广泛应用，乡村基础设施将实现数字化和智能化，如数字化的展览馆、智能化的导览系统等。这不仅提高了乡村旅游的吸引力，也改善了村民的日常生活环境。同时，发展智慧乡村旅游也将推动乡村公共服务水平的提升，包括医疗、教育、交通等方面的改善。这将使村民能够更便捷地获取各类服务，提高他们的生活质量。

社会期望智慧乡村旅游的发展能够推动乡村地区的经济繁荣和村民生活水平的显著提升。这一期望不仅关注经济层面的收入增加，还关注乡村基础设施和公共服务水平的全面提升，使村民能够享受到现代文明和科技发展带来的福祉。这种社会期望的实现需要政府、企业和社会各界的共同努力，以确保智慧乡村旅游的可持续发展，并将其成果更广泛地惠及村民生活。

（二）文化传承与自然、人文资源保护

1. 促进文化传承的社会期望

社会怀揣着强烈的期望，希望智慧乡村旅游能够为乡村文化的传承注入新的活力。这一期望的基石在于数字化和智能化手段的引入，社会期待通过先进技术将乡村历史、传统工艺、民俗等文化元素更好地传达给游客，使游客更深入地了解和认同当地的文化底蕴。

社会期望通过数字化手段将乡村文化以更直观、生动的方式呈现给游客。数字化展览馆、虚拟实境技术等先进工具的运用，可以将乡村的历史故事、传统工艺的制作过程以及丰富多彩的民俗活动进行数字化呈现，使游客在参与的过程中能够更好地理解和感受当地的文化特色。这不仅为乡村文化的传承提供了新的媒介和载体，同时使年轻一代更容易接触和了解传统文化。

智慧乡村旅游通过智能导览系统和增强现实技术为游客提供实时的导览和信

息展示，从而增强用户在实地游览中的互动感。社会期望这种互动式的体验能够激发游客的兴趣，使其更加深入地了解当地文化，促进乡村文化的传承。通过将传统文化融入现代科技体验中，可以使文化传承更具吸引力，不仅让游客愿意去了解，还能够激发他们对于乡村文化的浓厚兴趣。

社会对于文化传承的期望不仅停留在数字化和智能化手段的运用上，更期待通过智慧乡村旅游的发展推动乡村文化的传承。社会期望通过在智慧乡村旅游中弘扬这些文化元素实现对乡村文化传承的全方位支持，使这一传统宝藏得以传承并得到新的生机。这种期望的实现不仅需要技术手段的支持，更需要社会各方的共同努力，以达到在智慧乡村旅游中实现文化传承的深远目标。

2.保护乡村自然和人文资源的社会期望

社会对于智慧乡村旅游的期望不仅局限于经济效益和文化传承，还关注保护乡村自然和人文资源的可持续性。这一社会期望表达了对乡村环境和文化底蕴的珍视，强调在发展智慧乡村旅游的同时必须兼顾保护乡村的自然和人文资源。

社会对乡村自然资源的保护寄予了殷切期望。随着游客流量的增加，社会普遍关切过度开发和游客流动可能对乡村环境产生的负面影响。在这一背景下，社会期望在发展智慧乡村旅游时制定科学的规划和管理措施，以确保乡村的自然景观、生态系统能够得到有效的保护。相关管理人员可以通过科技手段建立环境监测系统，实时监控游客流量、垃圾处理情况等，及时发现和解决可能对自然资源产生负面影响的问题。社会也期待政府、企业和相关组织能够共同合作，制定环境保护的政策法规，以确保乡村的自然资源得到科学、可持续管理。

保护乡村人文资源成为社会的共同期许。乡村人文资源包括传统的建筑、民俗活动、居民的生活方式等。社会期望在发展智慧乡村旅游的过程中能够避免对乡村传统文化的过度商业化和破坏。社会期望通过智能化技术制定游客流向的合理规划，引导游客有序参观，减少对人文资源的过度压力。政府和社会组织也应当加强对乡村文化资源的保护和传承，确保智慧乡村旅游的发展不损害乡村人文资源的原真性和独特性。

这一社会期望的实现需要全社会的共同努力，不仅要在技术层面引入有效的管理手段，还需要加强对相关政策的制定和执行。只有在乡村自然和人文资源得到科学保护的基础上，智慧乡村旅游才能够获得可持续发展，为社会带来长期利益。

二、市场期望

（一）现代消费者需求的满足

1. 个性化需求的市场期望

市场对于智慧乡村旅游充满期待，主要源于其能够满足现代消费者对个性化的强烈需求。随着社会的发展和科技的进步，消费者对于旅游体验的期望不再满足于传统的线性旅行路线和标准服务，而更加注重个性化和定制化需求。因此，市场期待通过智慧技术的运用为每位游客提供个性化的乡村旅游体验，以提升用户满意度和体验感。

首先，市场期望人工智能算法的运用能使系统更加深入地理解用户的个性化需求。通过分析用户的历史数据、偏好和行为，人工智能预测出用户的旅游兴趣和喜好，为其量身定制个性化的乡村旅游方案。这不仅包括景点推荐，还可以涵盖餐饮、住宿、交通等各个环节，使每位游客的旅行都能够符合其独特的兴趣和需求。

其次，市场期望大数据分析的应用能使系统更好地了解用户的行为，提供更精准的个性化推荐和服务。通过对用户在乡村旅游中的行为进行深度分析，系统可以迅速了解用户的喜好和习惯，从而调整旅游线路规划、推广策略等，使服务更加贴近用户期望，提高整体体验水平。

最后，市场对于虚拟现实和增强现实技术的运用也寄予厚望。通过虚拟现实技术，游客可以在线体验乡村风光，为其提供更丰富、沉浸式的游览体验。而增强现实技术则可以在实地导览中提供实时的信息展示和个性化导引，使游客在实际参观中能够根据个人兴趣获取相关信息，增强旅游的互动性。

2. 便捷性需求的市场期望

市场对智慧乡村旅游的期望主要体现在其能够满足现代消费者对便捷性的强烈追求上。当代社会，快节奏的生活让人们对于各方面的服务提出了便捷性要求，包括旅游。因此，市场期望智慧乡村旅游通过应用智能化技术，提供更便捷和高效的服务，以满足现代消费者对便捷性的追求。

市场期望通过智能化的导览系统实现游客在乡村旅游中的便捷导引。这包括利用全球定位系统等技术，为游客提供准确的位置信息和导航服务，使其更轻松地找到旅游目的地；通过智能导览系统为游客提供实时的路线规划、景点信息和导游解说，降低游客在陌生环境中迷路或错过重要景点的可能性，提高旅游的顺利性和便捷性。

市场期望在线预订系统的应用能够简化游客的旅行安排流程。通过智慧乡村旅游系统，游客可以在线预订住宿、餐饮、交通等服务，避免传统旅行中需要大量时间和精力进行预订的烦琐过程。这种便捷的在线预订不仅为游客提供更加个性化的选择，也提高整体旅行的效率和便利性。

3.丰富体验需求的市场期望

市场对于智慧乡村旅游的期望主要表现在其能够提供丰富体验，满足现代消费者对独特、有趣体验的渴望。当代社会，消费者对于旅游不再满足于传统的观光方式，更加注重在旅行中获得独特而深刻的体验。因此，市场期望智慧乡村旅游通过虚拟现实、增强现实等技术的应用，为游客创造沉浸式的乡村体验，吸引更多人参与乡村旅游，增强乡村旅游的市场吸引力。

首先，市场期望通过虚拟现实技术带来更真实和沉浸式的乡村体验。通过虚拟现实技术，游客可以在线上体验乡村的自然风光、民俗文化等，仿佛身临其境。这种虚拟的体验不仅能够吸引更多远离乡村的城市居民，还能为那些无法亲临现场的游客提供一种全新的参与方式，丰富乡村旅游的体验内容。

其次，市场期望增强现实技术在实地导览中的运用为游客提供更丰富和互动性的体验。通过增强现实技术，游客可以在实际游览中获得实时的导览信息、历史介绍等，使参与者在互动中更加深入地了解乡村的特色和文化。这种技术的运用不仅提升了旅游的趣味性，还使乡村旅游更加吸引人。

最后，市场还期望智慧乡村旅游系统能够通过创新的互动体验项目，为游客提供更丰富的活动内容。例如，可以结合传统文化和现代科技，设计乡村文化体验馆、互动工坊等项目，让游客在参与中获得更深刻的文化体验，增强乡村旅游的趣味性和吸引力。

（二）受市场欢迎的原因

1.个性化服务

市场对智慧乡村旅游的热切欢迎主要源于其能够提供个性化服务。这种个性化服务的实现得益于人工智能算法在系统中的运用，通过对用户需求的深度分析和理解，系统能够为每位游客量身定制独特的乡村旅游方案，从而提升用户体验，增强乡村旅游的市场竞争力。

人工智能在智慧乡村旅游中发挥了重要作用。通过对用户历史数据和行为的分析，人工智能算法能够深入了解每位游客的个性化偏好。这种深度学习使系统能够更加准确地预测用户的需求，为其提供个性化的旅游建议和服务。例如，系统可以根据用户的历史喜好推荐特定景点、活动或餐饮场所，使每位游客都能够在乡村旅游中找到最符合自己兴趣的内容，提升整体的旅游体验。

个性化服务的实现也体现在系统对用户行为的实时响应上。通过不断更新和分析用户在旅游过程中的行为数据，系统能够动态调整和优化旅游方案，使其更符合用户的偏好和实际需求。这种实时响应使系统能够更好地适应用户的变化，提供更加贴合用户期望的个性化服务，进一步提高用户的满意度。

总之，提供个性化服务满足了现代消费者的个性化需求。现代消费者越来越注重个性化体验，对于单一、标准化的服务逐渐失去兴趣。然而，智慧乡村旅游通过提供个性化服务满足了现代市场对于个性化、定制化体验的强烈需求，使整个乡村旅游市场更具竞争力。

2. 便捷智能服务

市场对智慧乡村旅游热烈欢迎的原因之一在于其提供了便捷智能服务，满足了现代消费者对便捷和高效的追求。智慧乡村旅游系统通过数字化和智能化手段为游客提供了更加顺畅的旅游体验，使整个旅游过程更加便捷和智能。

首先，数字化的导览系统为游客提供了更方便的信息获取途径。通过智能手机应用或其他数字化设备，游客可以实时获取乡村景点、活动、餐饮等信息，无须依赖传统的纸质地图和手册。这不仅提高了信息的实时性和准确性，还减轻了游客负担，使其更加便捷地探索乡村之美。

其次，在线预订和支付系统为游客提供了更加便利的服务。通过智慧乡村旅游系统，游客可以提前在线预订景点门票、住宿、导游服务等，避免了现场排队等待的烦恼。同时，智能支付系统也使游客可以在乡村旅游过程中更加便捷地完成消费支付，提高了整体支付效率。

最后，智能化的交通指引系统为游客提供了更加便捷的交通信息。通过实时的交通信息更新和导航服务，游客规划行程、选择交通工具更便捷，从而在乡村旅游中节省时间和精力。

总之，这种便捷智能服务受欢迎的原因在于其对市场需求的及时响应。随着现代生活节奏的加快，人们对于旅行的便捷性和高效性提出了更高要求。智慧乡村旅游系统的引入有效满足了这一市场需求，为游客提供了更加便捷、智能的服务体验，增强了整个乡村旅游市场的吸引力。

3. 丰富的体验

市场对智慧乡村旅游热烈欢迎的另一原因在于其能够提供丰富的体验，通过虚拟现实、增强现实等技术为游客创造了更具吸引力的乡村体验，使市场更具创新性，符合现代消费者对于多样化体验的追求。

首先，虚拟现实和增强现实技术为游客提供了沉浸式的乡村体验。通过虚拟现实技术，游客可以在虚拟环境中感受乡村的自然风光、文化氛围，仿佛置身于实地一般。这种沉浸式的体验使游客能够更加深入地了解乡村的独特魅力，从而增强了他们的参与感和满足感。

其次，增强现实技术为实地游览提供了更加丰富的互动体验。例如，在参观历史古迹时，增强现实技术可以呈现出历史场景的还原，让游客感受到历史的沧桑和风采。这种互动性体验吸引了更多游客的参与，提高了他们对乡村旅游的兴趣。

最后，智慧乡村旅游系统还可以通过数字化手段创造出更具个性化的体验。通过分析用户的兴趣和偏好，系统可以为每位游客量身定制乡村旅游方案，包括特色活动、文化体验等，满足不同游客的独特需求。这种个性化的体验让游客倍感重视，增强了他们对乡村旅游的满意度和忠诚度。

总之，市场对智慧乡村旅游的欢迎在于其能够提供丰富多彩的体验。通过虚拟现实、增强现实等技术，系统为游客创造出沉浸式、互动性强、极具个性化的乡村体验，使乡村旅游更富有吸引力，满足了现代消费者对于多样化体验的追求，为整个乡村旅游市场注入了新的活力。

第二节 智慧乡村旅游未来发展前景

一、信息化基础设施建设

（一）网络覆盖的提升

1. 引入 5G 技术

未来智慧乡村旅游的网络基础设施将依赖于 5G 技术。这一技术的广泛应用将大幅提升网络的带宽和覆盖范围，从而为智慧乡村旅游系统提供更高效和迅速的数据传输通道。

引入 5G 技术的核心目标是满足未来智慧乡村旅游系统对大规模数据传输和实时互动的需求。5G 技术的高速传输特性将有效支持乡村旅游系统中的各种智能化服务。一方面，5G 的高带宽性质将为用户提供更畅快的网络功能，确保他们能够高效地访问智能设备所提供的功能，如实时导览和互动功能。另一方面，5G 技术的低时延特性将使各类应用能够更加迅速地响应用户的指令，提升整个系统的实时性，其在需要即时交互的体验中表现得尤为明显。

在智慧乡村旅游中，5G 技术还将为传感器网络、智能设备之间的协同工作提供更可靠和高效的支持。传感器网络需要快速、可靠地传输大量实时数据，以确保系统对乡村景区的环境、人流等信息及时作出反应。5G 技术的广泛应用将有效突破传统网络在高密度设备连接时的瓶颈，确保智慧系统的流畅运行。

此外，5G 技术还将为未来智慧乡村旅游带来更多创新可能。高速、低时延的网络连接将为乡村旅游平台提供更多实时性强、交互性强的服务，如实时导览、虚拟文化体验等。同时，5G 技术的可扩展性也为未来乡村旅游系统的进一步发展和升级提供了坚实的基础。

2. 高速互联网连接

构建高速、稳定的互联网连接是未来智慧乡村旅游网络基础设施提升的首要目标。在这一愿景中，推动宽带网络建设将成为实现网络覆盖提升的重要措施，以确保乡村景区内外都能够畅通无阻地访问互联网。这一发展方向的核心动机在于提升游客的整体游览体验，使其能够随时随地获取景区信息，从而更好地参与和享受乡村旅游的各种服务和体验。

高速互联网连接建设将从多个维度着手。

第一，它要求在乡村景区范围内建设更密集、先进的网络基础设施，以支持大量设备同时连接，并保持高速、稳定的通信质量。这可能涉及光纤网络的引入、网络设备的升级，以及基站的合理布局等工作。

第二，要确保互联网连接的质量和速度能够在景区外的周边区域得到良好的延伸，以保证游客在进入景区前后都能够便捷地获取所需信息。

高速互联网连接的实现对于智慧乡村旅游的多个方面都具有积极的作用。首先，它将为游客提供更畅快的网络体验，使其在使用智能设备时能够更加便捷、高效地获取相关服务。例如，通过智能导览系统，游客可以实时获取景点信息、推荐路线等，从而更好地规划游览行程。其次，高速互联网连接有助于推动各类智能设备的发展和应用，如增强现实和虚拟现实技术，为游客提供沉浸式的文化体验。最后，高速互联网连接还能支持各类互动性强、实时性强的服务，如在线预订、虚拟导游等，提升整个乡村旅游系统的智能化水平。

3. 确保服务覆盖全面

确保服务覆盖全面是提升网络覆盖的一个重要目标，其不仅关注景区核心区域，还需确保网络服务全面覆盖整个乡村景区。这涉及乡村的偏远区域和景区周边地带，旨在保证游客在整个旅游过程中都能够享受到高质量的网络服务。

首先，为了实现全面覆盖，需要在核心景区区域建设高密度的网络基础设施，确保核心游览区域的网络连接质量和速度。这包括在景点周围设置更多的无线网络基站，采用先进的通信技术以满足高密度设备同时连接的需求。通过提升核心区域的网络质量，游客可以更加流畅地使用各类智能设备，获取所需的信息和服务。

其次，乡村的偏远区域也需要考虑网络覆盖的问题。这可能需要采用一些创新性的解决方案，如利用无线中继设备或卫星通信技术扩大网络覆盖范围。在这些偏远区域，网络基础设施的建设可能面临更多挑战，但通过科技手段的不断创新可以实现更广泛的网络服务。

最后，需要特别关注的是景区周边地带的网络服务。这包括通往景区的交通道路、停车场、周边商业区等地区。这些区域需要建设高效的网络连接，以方便游客在进入景区前后都能够便捷地获取所需信息，提升整体的游览体验。

（二）先进传感器的应用

1. 精密环境监测传感器的应用

未来的智慧乡村旅游将广泛应用精密环境监测传感器，以提升游客在乡村旅游中的健康与舒适体验。这些精密传感器的应用涵盖了对空气质量、温度、湿度等重要环境参数的实时监测。

对于空气质量的监测，精密环境监测传感器能够即时采集空气中的各类污染物浓度，如颗粒物、二氧化氮等。通过实时监测和数据分析，系统能够提供给游客关于空气质量的详细信息，使游客能够更好地了解当前环境的空气状况。这不仅有助于游客合理安排活动，避免在污染较重的区域停留，同时提醒游客采取必要的防护措施，保护其身体健康。

温度和湿度的监测对于为游客提供舒适的体验同样至关重要。精密环境监测传感器能够实时获取环境温湿度数据，系统通过分析这些数据，为游客提供关于乡村景区的当前气候状况的准确信息。这种信息可以帮助游客更好地选择着装，合理调整旅游计划，确保游客在不同天气条件下获得最佳的游览体验。

精密环境监测传感器的应用不仅提升了游客的健康安全意识，同时为景区管理提供了重要的数据支持。通过对环境参数的长期监测，系统可以形成历史数据，为景区管理者提供有针对性的决策依据。例如，根据季节性的气候变化，景区管理者可以调整设施的运行模式，提升游客的流动性，提高景区运营效率和可持续性。

2. 人流量监测传感器的应用

在提高景区运营效率的关键任务中，人流量监测传感器发挥着至关重要的作用。通过采用更先进的人流量监测技术，系统能够实现更加精准的人流统计，为景区管理者提供全面的数据支持。这项技术对于合理规划人流引导、制定服务分配等策略，以最大限度提升游客体验具有重要意义。

首先，通过引入更先进的人流量监测传感器，系统能够实现对游客在景区内的实时位置和流动轨迹更精细的监测。传感器可以采用各种先进的技术，如计算机视觉、深度学习等，以更准确地识别和跟踪游客。这种高度准确的人流统计有助于系统更好地了解景区内不同区域的人流密集程度，为景区管理者提供实时的人流热力图和分析报告。

其次，优秀的人流量监测系统可以提供更多维度的人流数据，如游客的停留时间、流动速度等。这些详细的数据能够为景区管理者提供深入的洞察，帮助他们更好地理解游客行为模式。通过分析游客在景区内的停留时间和活动轨迹，景区管理者可以调整景点布局、优化游览路线，提升景区的整体游览效果。

最后，优秀的人流量监测系统还能够与其他智能设施集成，实现更智能的人流引导和服务分配。通过与智能导览系统、App 等相结合，系统可以根据实时人流情况向游客推荐最佳游览路线，减少拥堵点，提高游览效率。此外，系统还可以通过智能化的服务分配，合理分配工作人员、资源，优化服务体验。

（三）高效数据处理平台的建设

1. 大数据技术的采用

为了满足智慧乡村旅游中大规模数据的处理需求，采用先进的大数据技术成为重要举措。这一系列的技术手段包括实时数据分析、数据挖掘等，旨在更加深入地理解景区的运行状况。在智慧乡村旅游的背景下，大数据技术将成为提高决策效能、优化服务质量的有力工具。

首先，大数据技术的应用将致力于实现对景区运行的实时监测与分析。通过建立大规模的数据采集系统，收集人流量、设施使用情况、游客反馈等数据。这些数据将通过实时数据分析技术，以最快的速度被处理和解读，使景区管理者能够随时了解景区的实时状态。这种实时监测不仅有助于景区管理者快速应对突发情况，还有助于景区管理者及时调整景区资源分配，提高运营效率。

其次，大数据技术将发挥在数据挖掘方面的潜力，通过深度分析景区的历史数据，发现隐藏在大量信息中的规律和趋势。这种数据挖掘的过程可以揭示游客的偏好、热门景点、服务瓶颈等重要信息，为景区提供更深刻的洞察。通过对挖掘出的规律的理解，景区管理者可以更有针对性地制定营销策略、优化游览路线，提高游客满意度。

最后，大数据技术还能够支持智慧乡村旅游中的个性化服务。通过对大量游客数据进行综合分析，系统可以识别出不同游客群体的特征和需求。基于这些数据，景区可以为不同群体量身定制和推荐服务、活动，提供更加个性化的旅游体验。这种个性化服务不仅有助于提高游客满意度，还能够增强景区的吸引力和竞争力。

2. 云计算平台的应用

为了建设高效的数据处理平台，智慧乡村旅游系统将充分利用云计算技术。云计算平台以其灵活性和可扩展性成为存储和处理大规模数据的理想选择，为智慧乡村旅游提供可靠的技术基础支持。

首先，在智慧乡村旅游系统中，云计算平台将被用于实现数据的集中管理。大量的游客数据、环境监测数据、设施运行数据等将通过云计算平台进行统一存储和管理。云端的集中管理不仅可以降低数据管理的复杂性，还能够实现数据的高效利用。此外，云计算平台提供了高度可定制的数据管理解决方案，使景区管理者可以根据实际需求进行数据存储和检索，提高数据的可用性和实用性。

其次，云计算平台还支持远程访问，使相关人员可以随时随地通过互联网连接云端系统，实时获取景区的运行状态和数据信息。这种可远程访问的能力有助于实现景区的远程监控和管理，提高管理效率。例如，景区管理者可以通过云端系统监测游客流量、设施使用情况，迅速做出决策以应对不同的运营状况。

再次，云计算平台的可扩展性也是其在智慧乡村旅游中的一大优势。随着景区运营的不断扩大和系统功能的日益增加，其所需的存储和计算资源也将相应增加。云计算平台可以根据需求动态分配资源，确保系统始终具备足够的计算和存储能力，从而适应智慧乡村旅游系统的不断发展和扩展。

最后，云计算平台的应用还将实现系统的动态调整。通过云计算的虚拟化技术，系统可以根据实际负载情况动态分配计算资源，实现对系统性能的自动优化。这有助于提高系统的稳定性和可靠性，确保智慧乡村旅游系统能够在不同情境下保持高效运行。

二、智能化设施与服务

（一）智能停车系统的推广

1. 传感器检测技术的运用

在未来的智慧乡村旅游中，智能停车系统将成为一项重要的技术创新，而传感器监测技术将在其中扮演关键角色。通过在停车场区域部署传感器，对车辆进出情况进行实时监测，系统能够准确获取停车场的实时使用情况，从而为游客提供更智能、高效的停车服务。

首先，通过传感器监测技术，系统可以实时获取停车场的使用情况，包括停车位的占用情况、车辆的进出时间等信息。这种实时监测使系统能够及时反馈停车场的实际状况，为游客提供准确的停车位信息。游客可以通过智能手机应用或导航系统获取实时的停车位空闲情况，有针对性地选择合适的停车位，从而避免因停车位紧张而导致的停车困扰。

其次，传感器监测技术还能够优化停车路径，提升停车体验。通过分析传感器获取的数据，系统可以识别停车场内车辆的流动规律，预测车辆的停车行为，从而合理引导车辆流向，避免拥堵和混乱情况的发生。这有助于提高停车场的运行效率，减少游客的停车时间，为其提供更便捷的停车体验。

最后，传感器监测技术的应用还可以实现停车场资源的智能管理。系统可以通过对停车场使用情况的分析，优化停车位的分配策略，提高停车场资源的利用率。这种智能管理有助于降低停车场运营成本，提高停车场的经济效益。

2. 实时提供停车信息

智能停车系统通过整合传感器数据，实现对停车场实时情况的监测和分析，为游客提供便捷的实时停车信息服务。这项创新技术的核心在于通过智能化手段向游客展示包括可用停车位数量、各停车区域的拥堵状况等实用信息，从而提高停车的便捷性和效率。

游客可以通过多种方式获取这些实时停车信息，其中包括使用智能手机应用、查看路牌等。通过手机应用，游客可以随时随地获取停车场内的实时信息，如当前可用停车位数量、各区域的车位利用率等。这样的信息能够帮助游客在进入停车场之前就做出明智的决策，选择最合适的停车区域，减少停车时间。同时，路牌等实体展示方式也可以向驶入停车场的车辆提供相同的实时信息，为游客提供多样化的获取途径。

这项服务的实时性是其独特之处。通过持续监测停车场内的车辆流动情况，系统能够在瞬息万变的停车场环境中实时更新停车信息。这对游客而言意味着更为准确的信息，有助于他们快速、准确地找到可用停车位，从而减少停车时间，提高停车效率。

实时停车信息不仅为游客提供了方便，还对整个停车场的管理起到了积极的作用。通过实时监测停车场的状况，系统能够了解车辆的流动趋势，为停车场管理员提供数据支持，帮助其更好地制定停车资源的管理策略，提高停车场的运行效率。

3.优化停车流程

系统通过实时数据分析为停车流程提供了优化的可能性。这项创新技术可以通过对停车场内的实时负载情况进行精准监测和分析，实现对车辆进出的指引的灵活调整，从而避免拥堵和混乱的出现。这一过程不仅提高了停车资源的利用效率，还有效降低了景区交通管理难度，为游客提供更便捷的停车体验。

首先，通过实时数据分析，系统能够获取准确的停车场实时负载情况。这包括当前停车位的利用率、不同区域的停车拥堵情况等信息。系统可以根据这些数据预测未来一段时间内的停车需求，并作出相应的调整。

其次，系统可以根据预测结果调整对车辆进出的指引。实时的导引系统可以向游客提供最优的停车路径，避免他们在停车场内盲目搜索停车位，减少拥堵点的形成。这样的智能导引系统可以根据实际情况实时更新，确保游客得到的信息是准确而及时的。

最后，通过对停车流程的优化，系统提高了停车资源利用效率。车辆能够更加迅速、有序地进入和离开停车场，减少了停车时间，提高了停车效率。这对游客来说是一种便利，同时避免了停车场内的拥堵和混乱，为景区交通管理带来了更大的可控性。

这一优化停车流程的技术创新，不仅在实践中对提升游客停车体验产生积极影响，更在理论上为智慧乡村旅游的交通管理提供了可行的解决方案。通过数据驱动的实时调整，系统为停车流程注入了智能和高效性，为未来乡村旅游的可持续发展提供了有力支持。

（二）智能照明系统的应用

1.智能感应技术的整合

智能照明系统的应用将充分整合智能感应技术，以提高景区内照明系统的效能。这一创新技术通过对自然光照和实际需求的智能感知，实现对照明强度的自动调整，为游客提供更舒适的照明环境，同时实现对能源的智能管理。在智慧乡村旅游中，景区内各个区域的照明系统将根据游客活动情况进行智能调节，从而提升夜间游览的整体体验。

首先，智能感应技术通过对自然光照的感知准确把握景区内不同区域的自然光照强度。这使系统能够根据实际光照情况，智能调整照明设备的亮度，避免不必要的能源浪费，同时确保游客在不同区域都能获得合适的照明效果。

其次，智能照明系统可以根据实际需求进行智能调节。通过感知游客活动情况，系统能够判断哪些区域需要增加照明强度，以满足游客的需求。例如，在游客密集区域，系统可以增加照明强度，提高安全性和舒适度；而在人流较少的区域，系统可以降低照明强度，实现对能源的智能管理。

最后，这一整合智能感应技术的智能照明系统为夜间游览体验带来了显著提升，其不仅能够根据实际需求进行灵活调节，提供更个性化的照明服务，还通过智能感应技术实现了照明系统的智能化，为景区夜间活动创造了更宜人和安全的环境。

2. 节能环保的优势

智能照明系统的智能化控制在节能环保方面具有显著优势。通过实时监测光照需求并智能调节照明强度，系统在确保游客安全的前提下最大限度地减少了能源消耗，从而实现了对能源的高效利用。这一创新性的技术应用不仅符合乡村旅游可持续发展理念，还在提升景区形象的同时推动了绿色环保实践。

首先，智能照明系统通过实时监测光照需求，能够动态调整照明强度，根据实际需求精准地投放光线。这避免了传统照明系统长时间过量供给光照的情况，从而减少了不必要的能源浪费。系统在景区内各个区域进行差异化调控，根据需要提供合适的光照水平，实现了能源消耗最小化。

其次，通过智能感应技术，系统可以根据游客活动情况调整照明强度，只在需要的区域提供光照服务。例如，在游客密集区域提高照明强度，而在人流较少的区域降低照明强度。这一智能化控制不仅提高了能源利用效率，还减少了无效照明对自然环境的影响，为景区营造更环保的氛围。

最后，智能照明系统的智能化控制使能源消耗更加符合乡村旅游可持续发展理念。将节能理念融入景区管理，不仅为景区形象注入绿色元素，还向游客传递了对环境友好和可持续发展的关切。这种环保意识的提升不仅对景区的可持续发展具有重要意义，同时引导游客在旅游中更加注重绿色环保的行为。

（三）智能射频识别门票系统的应用

1. 智能射频识别（RFID）

RFID 技术在乡村旅游的门票系统中起着重要作用。该技术的应用为游客提供了一种便捷而高效的入园方式。通过携带带有 RFID 芯片的门票或卡片，游客可以实现无感支付、自动进出景区等功能，从而极大地提升了门票核验的效率和准确性。

RFID 技术的核心是其芯片识别功能，每张门票或卡片上嵌入的 RFID 芯片具有唯一的识别码，这使每位游客都可以被系统准确地辨识。当游客持有带有 RFID 芯片的门票或卡片接近门禁区域时，感应设备即可读取芯片信息，实现对游客身份的快速识别。这一过程是无须人工干预的，使游客能够便捷、迅速地进入景区。

在这一系统中，无感支付是 RFID 技术的一个重要应用。游客只需将带有 RFID 芯片的门票或卡片靠近支付终端，系统即可自动完成支付过程，无须现金或其他支付手段。这不仅提高了支付的便捷性，还减少了游客在支付过程中的等待时间，提升了整体游览体验。

另外，RFID 技术实现了自动进出景区的功能。当游客携带带有 RFID 芯片的门票或卡片接近景区入口或出口时，感应设备能够自动开启或关闭相应的门禁设施，实现对游客进出的智能管理。这不仅简化了景区管理流程，还降低了人工成本，提高了门票核验的自动化水平。

2. 便捷入园体验

RFID 门票系统为游客提供了更便捷的入园体验，彻底改变了传统的购票和入园手续流程。通过这一系统，游客无须再排队购票或进行手动核验，而是可以通过携带带有 RFID 芯片的门票或卡片直接进入景区，系统会在用户无感知的情况下完成入园手续。这项创新性的技术应用带来了多方面好处，既提高了游客的满意度，还减轻了景区工作人员的工作负担。

首先，RFID 门票系统的应用使游客享受到了更便捷和高效的入园体验，传统购票需要排队等待的环节被大大缩减，游客只需将带有 RFID 芯片的门票或卡片靠近感应设备，系统即可自动完成入园手续。这无疑提升了游客的整体入园体验，使其更专注于对景区的欣赏和体验，而非等待和办理手续的琐碎事务。

其次，RFID 门票系统的自动化功能不仅提高了游客的满意度，还减轻了景区工作人员的工作负担。由于系统能够自动完成门票核验和入园手续，景区无须投入大量人力用于票务处理。这使景区工作人员能够更专注于提供更高质量的服务，如游客引导、安全监控等，从而全面提升了景区的管理效能。

最后，RFID 门票系统也为后续的数据统计和用户行为分析提供了便利。系统通过记录每位游客的入园时间、停留区域等信息，形成大量的数据积累。这些数据对于景区管理者来说是宝贵的分析资源，可以帮助他们更好地了解游客的行为习惯，优化景区的布局和服务，提升整体运营水平。

三、智慧乡村规划与设计

（一）全面数字化的乡村资源管理

1. 地理信息系统（GIS）的应用

未来智慧乡村旅游规划与设计将充分利用 GIS，这一先进的技术工具将成为乡村规划者的得力助手。GIS 的广泛应用将实现对乡村的文化、历史和自然资源的全面数字化管理，为乡村旅游的可持续发展提供强大的技术支持。

GIS 是一种基于地理位置数据的信息处理系统，通过对地理空间数据的采集、存储、管理、分析和可视化，为决策者提供丰富的地理信息资源。在智慧乡村旅游规划与设计中，GIS 的应用不仅是简单的地图绘制，更是实现乡村整体面貌数字化的重要手段。

首先，GIS 将实现乡村地理数据的实时获取。通过各种传感器和地理定位技术，GIS 能够实时收集乡村的地形、土地利用状况、气候状况等多维度的地理信息。这有助于规划者全面了解乡村的自然环境，为科学规划和设计提供数据支持。

其次，GIS 可以对乡村的文化和历史资源进行数字化管理。将文化景点、历史建筑、传统工艺等信息纳入 GIS，使这些重要的文化元素能够在数字化平台上得以保存和展示。规划者可以通过 GIS 深入了解乡村的历史沿革和文化传承，并对其进行有针对性的规划和保护。

最后，GIS 还可以协助规划者进行土地利用规划。通过对土地利用现状的准确掌握，规划者可以更科学地规划乡村的功能分区，合理配置农田、居民区、景区等用地，确保乡村旅游的可持续发展。

此外，GIS 为规划者提供了强大的决策支持工具。通过数据分析和模拟，GIS 能够帮助规划者预测不同规划方案的效果，为其提供科学的决策建议。这有助于规划者在规划与设计的过程中更全面、系统地考虑各种因素，制定更科学合理的乡村发展规划。

2. 数字化管理的优势

（1）数据驱动的决策支持

数字化管理为规划者提供了丰富的实时数据，这种数据驱动的决策支持成为智慧乡村旅游规划与设计的核心。这些实时数据不仅能够应用于当前的规划决策，还具备通过大数据分析为未来发展趋势提供预测的潜力。数字化管理系统为规划者提供了深入了解乡村状况的途径，使其能够做出更科学、全面的决策，确保规划更贴近实际且更具可操作性。

实时数据的应用使规划者能够及时获取乡村旅游运行状况的全貌。通过数字化手段，规划者可以实时监测游客流量、景区资源利用率、环境参数等重要指标。这些实时数据为规划者提供了关于乡村旅游运行状况的真实画面，帮助其更好地了解当前形势，以及时做出调整和决策。

大数据分析的运用使规划者能够更好地预测未来的发展趋势。通过对历史数据和实时数据进行深度分析，系统可以识别出潜在的发展模式和规律。规划者可以借助这些数据驱动的预测结果更好地制定长期规划，预见未来可能出现的问题，提前做好规划调整和应对措施。

数字化管理系统的数据驱动特性还体现在多个方面，如游客行为分析、资源利用效率评估等。通过对游客行为的深入分析，规划者可以更好地理解游客需求，为其提供更符合其期望的体验。同时，对资源利用效率的评估有助于规划者在规划和设计中更加科学地配置和管理乡村资源，提高资源的可持续利用效果。

（2）资源整合与利用的优化

数字化管理为智慧乡村旅游提供了优化资源整合与利用的重要途径。通过数字技术的应用，规划者能够更全面、深入地了解乡村的各种资源，从而更有效地整合和利用这些资源。

首先，数字化管理为文化资源的优化利用提供了新的可能。通过分析乡村的文化元素，包括历史、传统、民俗等，规划者可以更有针对性地组织文化活动。这有助于吸引游客，让他们更好地了解和体验乡村的独特文化，提升乡村旅游的吸引力和深度。

其次，数字化管理能够优化自然资源的利用。通过数字化手段对农田、水资源等进行实时监测和管理，规划者可以更科学地配置这些资源，提高农业的智能化水平，推动乡村旅游呈现更现代和可持续的一面。这不仅有助于提升乡村的整体形象，还为游客提供了更好的生态体验。

最后，数字化管理还能够促进资源的协同利用。通过建立数字平台，不同资源的信息可以更加畅通地流动，各类服务和活动可以更好地协同进行。这有助于提高资源的整体利用效率，避免资源浪费，使乡村旅游可持续发展。

（二）智慧农业融入规划

1. 物联网技术在农业的应用

未来的乡村规划将更紧密地融合智慧农业。利用物联网技术，规划者可以实时监测农田的生长环境，包括土壤湿度、气温等参数。这样的数字化农业手段有助于提高农业生产的智能化水平，为乡村创造更现代和可持续的形象。

2. 大数据分析优化农业生产

通过对农业生产中产生的大量数据进行分析，规划者可以更好地了解农业生产的趋势和规律。这有助于提前预防病虫害、合理安排农业生产计划，最大限度地提高农田的产量和效益。

3. 智慧农业与乡村旅游的融合

智慧农业的发展也将与乡村旅游有机融合。例如，游客可以通过智能设备了解当地的农业生产过程，参与农田的互动体验。这种融合不仅使农业生产更具吸引力，也为乡村旅游注入了新的体验元素。

（三）可持续发展的数字支持

1. 资源利用与环境分析

数字支持将成为乡村可持续发展的重要支持因素。通过数字化手段，规划者可以对乡村的资源利用和环境状况进行全面分析。这包括土地资源的可持续利用、水资源的保护、生态系统的平衡等方面。数字支持为规划者提供了科学的依据，确保规划过程中不会损害自然生态环境。

2. 实时监测与调整

数字支持不仅在规划阶段发挥作用，还可在规划执行过程中实现实时监测和调整。通过实时收集的数据，规划者可以了解各项规划措施的实施效果，及时发现问题并进行调整。这种实时性的监测和调整有助于确保乡村旅游在可持续发展的轨道上稳步前进。

四、文化创意与数字化展示

（一）传统文化数字展示的创新

1. 虚拟现实技术的运用

在智慧乡村旅游中，通过引入虚拟现实技术，传统文化得以以前所未有的方式呈现。游客可以通过佩戴相关设备，如头戴式显示器，沉浸式体验乡村的历史场景。例如，游客可以在虚拟场景中参与传统的节庆活动，了解乡村的发展历程，使其对传统文化有更深入的理解。

2. 增强现实技术的创新应用

增强现实技术的引入使游客可以通过智能设备与实际环境中的传统文化元素互动。例如，游客可以看到虚拟的历史建筑、传统手工艺品等，与虚拟元素进行实时互动。这种数字展示方式使传统文化更具现代感，吸引了更多游客的关注。

（二）互动式数字化展览

1. 增强现实技术与实景融合的数字展览

未来乡村旅游将推动互动式数字化展览的发展，其中增强现实技术与实景将更加融合。游客可以通过智能设备观看展览内容，同时增强现实技术使实际场景与数字元素进行交互。例如，游客在实际农田中使用增强现实应用可以看到数字化的农业生产过程，了解传统农耕文化。

2. 多媒体与互动体验的结合

互动式数字化展览将采用多媒体手段，如声音、影像等，与游客进行更深入的互动。这种展览形式不仅可以通过视觉传达信息，还能通过听觉、触觉等多种感官传达更丰富的文化内涵。例如，游客在数字化展览中不仅能够看到传统手工技艺的展示，还可以通过触摸屏等设备亲身体验相关技艺，提高参与感与体验感。

3. 数字展览的个性化体验

通过互动式数字化展览，游客可以根据个人兴趣和需求定制展览内容。系统可以根据游客的选择呈现不同的数字化文化元素，提供个性化的参观体验。这种个性化的互动使数字化展览更具吸引力，满足不同游客的需求。

五、多元化体验与定制化服务

（一）多元化体验的拓展

1. 文化体验的多样性

未来智慧乡村旅游将通过拓展文化体验使游客能够深度了解当地的历史、传统和民俗。这包括参与传统手工艺制作、欣赏民间艺术表演、了解当地传说故事等。通过开展与文化相关的活动，游客可以更全面地感受乡村的独特魅力。

2. 生态体验的提升

智慧乡村旅游将注重提升生态体验，通过组织生态考察、自然教育等活动，使游客更加了解乡村的自然环境。例如，组织生态导游活动，让游客近距离接触植物、动物，提升游客生态保护意识。

3. 农业体验的创新

乡村旅游将推动农业体验的创新，包括农耕体验、采摘体验、农家餐饮等。通过参与农业活动，游客可以了解农村生活、体验种植和收获的乐趣，增加对农业文化的认知。

（二）基于游客需求精准分析的定制化服务

1. 利用大数据分析游客兴趣

未来，智慧乡村旅游将通过大数据分析游客的历史行为、偏好和反馈，精准洞察游客的兴趣。这可以通过智能化系统收集游客在平台上的浏览、搜索、购买等行为数据，然后对其进行深度学习和分析，为后续提供个性化服务奠定基础。

2. 个性化旅游线路推荐

基于大数据分析，智慧乡村旅游系统将为每位游客推荐个性化的旅游线路。系统会考虑游客的兴趣、时间、预算等因素，为其量身定制符合需求的行程，提高游客的满意度。

3. 提供定制化活动和服务

智慧乡村旅游将提供定制化的活动和服务。通过分析游客的喜好，系统可以为其提供定制的文化体验、生态体验、农业体验等活动，满足游客个性化需求。这种个性化的服务将成为吸引游客的一大亮点。

参考文献

[1] 陈松，李佩镅，惠青. 大数据视角的入琼游客体验感知研究——基于三亚著名景点的网络文本分析[J]. 特区经济，2022（12）：157-160.

[2] 廖晶晶. 大数据背景下乡村旅游与农业经济的协调发展思路探析[J]. 经济师，2023（1）：149-150.

[3] 林舒恩，余若韵，赵如雨，等. 乡村智慧旅游研究进展与热点可视化分析[J]. 科技创业月刊，2022，35（9）：149-154.

[4] 刘又榕. 清远市智慧旅游乡村发展思路探析[J]. 旅游纵览，2022（21）：155-157.

[5] 罗颖，程雯. 乡村振兴背景下农村智慧旅游发展研究[J]. 旅游与摄影，2022（20）：33-35.

[6] 王和平，王颖，张骥飞，等. 5G背景下秦皇岛智慧乡村旅游发展研究[J]. 现代农村科技，2022，24（4）：1-2.

[7] 王美云，苏永华. 大数据杀熟对顾客公民行为的影响——以在线旅游消费为例[J]. 企业经济，2023，24（1）：132-140.

[8] 王强进. 基于大数据分析的智慧旅游研究[D]. 长春：长春工业大学，2021.

[9] 肖曼. 智慧旅游新业态下北大荒景区旅游人才培养路径研究[J]. 农场经济管理，2022（6）：15-16.

[10] 徐赣丽，朱俊波. 乡村智慧的旅游利用与乡村振兴[J]. 湖北民族大学学报（哲学社会科学版），2022，40（6）：104-114.

[11] 薛梅. 乡村振兴视角下乡村旅游经济路径探究——以环巢湖为例[J]. 山东农业

工程学院学报，2022，39（9）：82-86.

[12] 邹建琴，明庆忠，史鹏飞，等. 智慧旅游研究：历程、主题与趋势[J]. 资源开发与市场，2022，38（7）：850-858.

[13] 杨萍，代广红，赵晴. 文旅融合视角下的乡村旅游品牌建设[J]. 农业工程技术，2022，42（3）：75-76.

[14] 李勉. 孝感市乡村智慧旅游发展对策研究[J]. 当代旅游（高尔夫旅行），2018（2）：33-36.

[15] 宗悦. 乡村智慧旅游的发展策略研究[J]. 旅游与摄影，2021（20）：24-25.

[16] 马玉海，刘丽丽. 智慧旅游背景下乡村公共空间提升策略研究——以袁家村为例[J]. 城市建筑，2022，19（4）：31-33.

[17] 徐芹. 乡村智慧旅游理论研究综述[J]. 西部旅游，2023（4）：38-40.

[18] 杜志花，程玉贤，朱旭. 以乡村旅游推动实施乡村振兴战略研究[J]. 改革与开放，2019（2）：11-13.

[19] 王伟，乔家君，马玉，等. 不同类型旅游专业村时空演变及发展方略——基于河南省旅游专业村数据的研究[J]. 经济经纬，2020，37（5）：26-36.

[20] 宋丽萍. 基于云计算的资源调度算法优化研究[J]. 太原师范学院学报（自然科学版），2019，18（4）：68-71.

[21] 宋苏轩，杨现民，宋子强. 教育信息化2.0背景下新一代高校智慧校园基础平台建设研究[J]. 现代教育技术，2019，29（8）：18-24.

[22] 张霖，罗永亮，陶飞，等. 制造云构建关键技术研究[J]. 计算机集成制造系统，2010，16（11）：2510-2520.

[23] 程平，万家盛. 大数据时代财务共享服务中心云平台的构建及其应用[J]. 商业会计，2015（15）：20-22，85.

[24] 王利军，郭燕，王来刚，等. 农情遥感信息服务与野外监测云平台构建[J]. 南方农业学报，2018，49（6）：1242-1248.

[25] 胡卫华，王庆. 农家乐旅游的现状与开发方向[J]. 桂林旅游高等专科学校学报，2002（3）：79-83.

附　录

附录一　定量调查问卷

尊敬的用户：

感谢您参与我们的定量调查，您的宝贵意见对于提升乡村旅游体验至关重要。请您认真审读以下问题，并根据您的真实感受选择相应的答案。本问卷的所有信息将被保密，且仅用于学术研究。

1. 您对乡村旅游的兴趣有多大？（请在以下选项中选择一个）

（1）非常不感兴趣

（2）不太感兴趣

（3）一般

（4）感兴趣

（5）非常感兴趣

2. 您更倾向于选择哪种类型的乡村旅游？（请在以下选项中选择一个或多个）

（1）田园风光

（2）乡村文化体验

（3）生态农业观光

（4）特色民宿体验

（5）乡村美食之旅

3. 您最近一次选择乡村旅游的原因是什么？（请在以下选项中选择一个）

（1）放松身心

（2）体验当地文化

（3）寻找美食

（4）接触自然

（5）他人推荐

4. 您更偏好在乡村旅游中使用何种交通方式？（请在以下选项中选择一个或多个）

（1）自驾车

（2）公共交通

（3）步行

（4）自行车

（5）摩托车

5. 您对于乡村旅游预算的期望是多少？（请在以下选项中选择一个）

（1）1000 元以下

（2）1000~3000 元（包括 1000 元，但不包括 3000 元）

（3）3000~5000 元（包括 3000 元，但不包括 5000 元）

（4）5000~10000 元（包括 5000 元，但不包括 10000 元）

（5）10000 元及以上

附录二　定性访谈指南

1. 访谈目标

（1）了解用户对乡村旅游的整体印象和期望。

（2）探讨用户在乡村体验中最看重的方面。

（3）深入了解用户对数字化乡村旅游平台的期待和反馈。

（4）探索用户对个性化服务和定制体验的看法。

2. 访谈对象招募

选择具有不同背景、年龄、职业等特征的用户，确保访谈结果的多样性和代表性。访谈对象的招募可以通过线上社交媒体、乡村旅游平台用户群等途径进行。

3. 访谈内容

（1）乡村旅游经历

①请访谈对象分享他们曾经在乡村旅游的经历，包括好的和不好的体验。

②询问他们选择乡村旅游的原因和动机。

（2）数字化乡村旅游平台

①了解访谈对象是否使用过数字化乡村旅游平台，以及他们的使用体验。

②询问他们对于平台的优点和不足的看法，以及对于改进的建议。

（3）期望的体验

①探讨用户对于乡村体验的期望，包括自然环境、文化活动、互动体验等方面。

②了解他们对于个性化服务和定制体验的兴趣和看法。

（4）数字化体验需求

①讨论用户对于数字化体验的需求，包括导航功能、信息获取、预订服务等方面。

②了解他们对于数字化体验的期待和想象。

（5）反馈和建议

①鼓励访谈对象提供对于现有乡村旅游体验和数字化平台的改进建议。

②询问他们是否有其他想要分享的体验或故事。

4. 访谈方式

采用面对面或视频方式进行访谈，以更好地捕捉访谈对象的情感表达和细微变化。确保访谈环境安静、舒适，让用户感到放松和愿意分享。

5. 访谈记录与分析

进行访谈时，设计团队要有专人负责记录，包括文字记录和可能的音频或视频录制。后续，设计团队要通过仔细分析访谈内容，提炼出关键的用户需求、期望和反馈，为体验设计提供针对性参考。